Daniela Niebisch

Deutsch üben

Phonetik – Übungen und Tipps für eine gute Aussprache A1

Buch mit Audios online und App mit Videos

Hueber Verlag

Cover, Rücktitel: © Getty Images/E+/pixdeluxe
Zeichnungen: Irmtraud Guhe, München

Inhalt der MP3-Dateien zum Buch:
© 2019 Hueber Verlag GmbH & Co. KG, München, Deutschland –
Alle Urheber- und Leistungsschutzrechte vorbehalten
Sprecher: Anke Kortemeier, Peter Veit
Produktion: Scheune München mediaproduction GmbH, 80797 München, Deutschland

Der kostenlose MP3-Download zum Buch ist unter
www.hueber.de/audioservice erhältlich.
Weitere Informationen zur *Hueber Media*-App finden Sie unter
www.hueber.de/media-app

Wir danken Frau Leonore Fischer für die fachliche Beratung.

4. 3. 2.   Die letzten Ziffern
2026 25 24 23 22 bezeichnen Zahl und Jahr des Druckes.
Alle Drucke dieser Auflage können, da unverändert,
nebeneinander benutzt werden.
1. Auflage
© 2019 Hueber Verlag GmbH & Co. KG, München, Deutschland
Umschlaggestaltung, Layout und Satz: Sieveking · Agentur für Kommunikation, München
Verlagsredaktion: Elisa Klüber und Katharina Zurek, Hueber Verlag, München
Druck und Bindung: Friedrich Pustet GmbH & Co. KG, Regensburg
Printed in Germany
ISBN 978–3–19–017493–5

Art. 530_26581_001_02

Inhalt

Vorwort

Liebe Lernende,

Deutsch üben **Phonetik – Übungen und Tipps für eine gute Aussprache A1** ist ein Übungsbuch für Anfänger mit Vorkenntnissen auf dem Niveau A1 zum selbstständigen Training der Aussprache und zur Verbesserung des Sprechens.

In diesem Buch werden die relevanten Themen der Phonetik aufgegriffen: **Teil A** erklärt die korrekte Betonung von Wörtern und in Sätzen. **Teil B** behandelt die Vokale, **Teil C** die Konsonanten.
Plakative Hörbilder und Mini-Dialoge zeigen Missverständnisse, die durch eine falsche Aussprache entstehen können, und sensibilisieren für die Wichtigkeit einer guten Aussprache.
Die Übungen orientieren sich in Grammatik, Wortschatz und kommunikativen Situationen an den Inhalten, die in A1-Lehrwerken üblicherweise vermittelt werden. Kreative Übungsformen wie Gedichte und Zungenbrecher sorgen für Abwechslung.

Alle Wörter und Dialoge können Sie unter www.hueber.de/audioservice/ anhören und kostenlos herunterladen. So haben Sie ein Muster für die korrekte Aussprache. Außerdem werden Sie durch einfache Erklärungen und praktische Tipps sowie anschauliche Videos unterstützt, die Sie über die kostenlose *Hueber Media*-App abrufen können. Weitere Informationen zur App finden Sie unter www.hueber.de/media-app.

Die Lösungen zu den Übungen sowie die Hörtexte und eine Buchstaben-Laute-Tabelle finden Sie im Anhang des Buches.

Viel Spaß beim Üben!

Autorin und Verlag

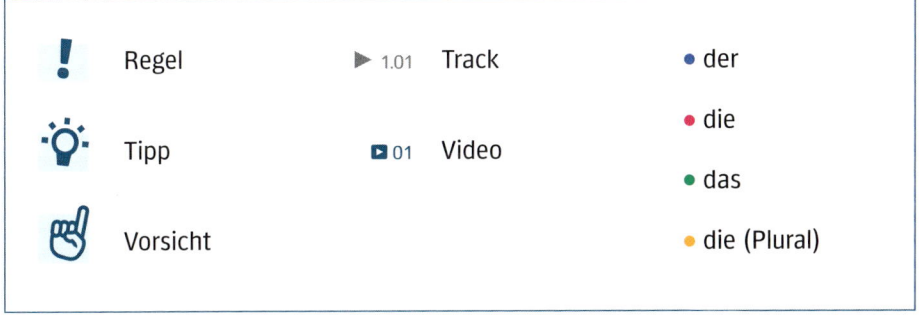

!	Regel	▶ 1.01	Track	• der
-ǒ-	Tipp	▶01	Video	• die
				• das
👆	Vorsicht			• die (Plural)

A1 Wortakzent

1 Richtig ausgesprochen?

▶ 1.01 Was sagt der Mann? Was meint er? Hören Sie und kreuzen Sie an.

Der Mann sagt: ☐ mehr Wasser ☐ Meerwasser

Der Mann meint: ☐ mehr Wasser ☐ Meerwasser

> Die richtige Betonung ist wichtig. Nur so funktioniert die Kommunikation gut.

2 Gesund oder krank

▶ 1.02 **a** Welche Silbe ist betont? Hören Sie und markieren Sie.

● (Hus)ten ● Fieber gesund ● Schmerzen ● Rückenschmerzen

● Apotheke ● Medikament ● Rezept ● Termin vereinbaren

● Ärztin ● Wartezimmer ● Krankheit informieren ● Schnupfen

erkältet ● Allergie besuchen ● Tablette ● Schmerztablette anrufen

b Ordnen Sie die Wörter aus **a** zu.

1. Silbe: *Husten,* _____

_____

_____

2. Silbe: _____

_____

3. oder 4. Silbe: _____

_____

c Hören Sie noch einmal und wiederholen Sie.

!

Für die Betonung von Wörtern gibt es nur wenige Regeln:

– Sehr viele Wörter sind auf der 1. Silbe betont.

– Bei Komposita bestimmt das erste Wort, wo die Betonung ist:
  • **Schmer**zen → • **Rü**ckenschmerzen.

Rücken + Schmerzen

= Rückenschmerzen

– Bei trennbaren Verben ist die Betonung auf dem Präfix: **an**rufen.

 an rufen

– Nicht trennbare Präfixe sind nicht betont: be**su**chen.

– Verben auf -ieren betont man auf -ie-: infor**mie**ren.

– Viele Suffixe aus dem Lateinischen oder Griechischen sind betont: • Medika**ment**.

Lernen Sie jedes Wort von Anfang an mit der korrekten Betonung.

3 In den Bergen

a Was nimmt Lena mit? Markieren Sie die Betonung in den Wörtern.

- • (Han)dy
- • Kamera
- • Regenjacke
- • Pullover
- • Getränk
- • Schokolade

▶ 1.03 **b** Welches Wort „hören" Sie zuerst, welches Wort dann? Notieren Sie.

___ • Handy	___ • Pullover
_1_ • Kamera	___ • Getränk
___ • Regenjacke	___ • Schokolade

▶ 1.04 **c** Hören Sie und wiederholen Sie.

Brummen oder summen Sie Wörter.
Die betonte Silbe hört man besonders gut.

Hm hm hm

Kamera

4 Wortfamilien

▶ 1.05 **a** Hören Sie und markieren Sie die Betonung.

- (Ar)beit · arbeiten · Arbeiter · Arbeiterin · Mitarbeiter
- Arbeitsplatz · Büroarbeit · Teamarbeit · bearbeiten

b Hören Sie noch einmal und wiederholen Sie.

5 Monate

a In welchen Monaten ist die betonte Silbe gleich? Verbinden Sie.

1 Dezember	a April
2 Januar	b Juli
3 August	c November
4 September	d Februar
5 Juni	e Oktober

▶ 1.06 **b** Hören Sie und kontrollieren Sie Ihre Lösung. Wiederholen Sie.

6 Gute Wünsche

▶ 1.07 **a** Hören Sie und markieren Sie die Betonung.

- (Mor)gen · willkommen · Appetit · Erfolg · Besserung
- Gesundheit · Wochenende · Reise

▶ 1.08 **b** Karaoke: Hören Sie und lesen Sie die Antworten laut.

1 ● ...
  ▲ Guten Morgen.

2 ● ...
  ▲ Herzlich willkommen.

3 ● ...
  ▲ Guten Appetit.

4 ● ...
  ▲ Viel Erfolg!

5 ● ...
  ▲ Gute Besserung.

6 ● ...
  ▲ Gesundheit!

7 ● ...
  ▲ Schönes Wochenende.

8 ● ...
  ▲ Gute Reise.

7 Im Rhythmus: Eine Reise mit dem Zug

▶ 1.09 **a** Hören Sie und lesen Sie mit.

einsteigen, **hin**setzen, **ab**fahren

aufstehen, **aus**steigen, **um**steigen

ankommen, **an**rufen, **ab**holen

b Hören Sie noch einmal und sprechen Sie mit.

c Sprechen Sie jetzt allein.

▶ 1.10 **d** Sätze sprechen: Hören Sie und wiederholen Sie.

8 Mit Emotion, bitte!

▶ 1.11 **a** Hören Sie und markieren Sie die Betonung in den Wörtern.

Ent(schuld)igung!　　Moment!　　Hallo?　　Sofort!　　Endlich!

▶ 1.12 **b** Hören Sie und wiederholen Sie.

● Entschuldigung! Ich habe eine Frage ...

▲ Keine Zeit, tut mir leid.

● Es dauert nicht lange.

▲ Einen Moment, bitte.

● Gut. Ich warte. ... Hallo?

▲ Sofort! ... So, hier bin ich!

● Na endlich! Eine Frage: Wie lange haben Sie heute geöffnet?

▲ Wir haben seit 10 Minuten geschlossen.

A2 Satzakzent und Rhythmus

1 Eine Nachricht

a Lesen Sie und schreiben Sie die Nachricht richtig.

> HalloMariawiegehtesdirIchhabenächsteWocheGeburtstagundmöchtedichzu
> meinerPartyeinladenDiePartyistamSamstagundbeginntumachtHastduZeit
> BittegibbisMittwochBescheidobdukommstVieleGrüßeTanja

Hallo Maria, wie geht *es dir? …*

_____

_____

_____

_____

_____

_____

b Was meinen Sie: Welche Silben sollte man betonen? Markieren Sie.

▶ 1.13 **c** Hören Sie und kontrollieren Sie Ihre Lösung.

Man sollte das, was man sagt, in sinnvolle Segmente teilen.
Nur so kann der Hörer gut verstehen.

Wörter, die zusammengehören, bilden eine rhythmische Wortgruppe. **!**
– Man spricht eine Wortgruppe ohne Pause.
– Jede Wortgruppe hat <u>eine</u> besonders stark betonte Silbe.

– Auch Sätze können eine Wortgruppe bilden.
– Sätze kann man aber auch in mehrere Wortgruppen teilen, besonders wenn die Sätze
  länger sind: Am **Sam**stag mache ich eine **Par**ty in meiner **Woh**nung.

2 Unterwegs

▶ 1.14 **a** Hören Sie und markieren Sie die betonte Silbe in den rhythmischen Gruppen.

1 mit dem (Fahrrad)   zur Arbeit

   Ich fahre mit dem Fahrrad.   Ich fahre zur Arbeit.

   Ich fahre mit dem Fahrrad   Ich fahre mit dem Fahrrad

   zur Arbeit.   zur Arbeit.

2 mit dem Bus   nach Bielefeld

   Wir fahren mit dem Bus.   Wir fahren nach Bielefeld.

   Wir fahren mit dem Bus   Wir fahren mit dem Bus

   nach Bielefeld.   nach Bielefeld.

> Der Sprecher entscheidet, was die wichtigste Information ist! Diese betont er. **!**

▶ 1.15 **b** Hören Sie noch einmal und wiederholen Sie.

3 Im Rhythmus: Was machst du gern?

▶ 1.16 Hören Sie und wiederholen Sie die Antwort. Hören Sie zuerst ein Beispiel.

1 singen   2 kochen   3 schwimmen   4 malen   5 lesen

● Was machst du gern?

▲ Ich singe gern.

4 Mit Emotion, bitte!

▶ 1.17 **a** Hören Sie und wiederholen Sie.

1 Das macht **Spaß**!   2 Das macht to**tal** viel **Spaß**!

3 Das ist **su**per!   4 Das ist **wirk**lich **su**per!

5 Das ist **nett**!   6 Das ist **echt nett**!

7 Die Musik ist **cool**!   8 Die Musik ist **voll cool**!

▶ 1.18 **b** Hören Sie und antworten Sie mit den Sätzen aus **a**. Hören Sie zuerst ein Beispiel.

● Fußball? Schon wieder?

▲ Das macht Spaß.

> Intensivierende Wörter wie *wirklich, total* **!** oder *echt* werden meistens betont.

5 So klingt es auf Deutsch!

▶ 1.19 Hören Sie einen Dialog. Sie hören jede Frage zweimal. Welche Frage klingt besser?

		a	b
1	Woher kommst du?	☐	☒
2	Und was machst du hier?	☐	☐
3	Wie alt bist du?	☐	☐
4	Bist du verheiratet?	☐	☐

Man betont meistens Nomen, **!**
Verben oder auch Adjektive.

6 Wer oder was ist gemeint?

▶ 1.20 **a** Sie hören zweimal die gleiche Frage.

Welche Antwort passt zu welcher Frage?

Nummerieren Sie.

1 Wie heißen Sie?

   2 | Pfef-fer! Samantha Pfeffer.

   1 | Mein Name ist Samantha Pfeffer.

2 Wie schreibt man das?

   | Pe eF E eF eF E eR.

   | Mit zwei eF. Nein, mit drei.

Bei Nachfragen wird oft 👆
das Fragewort betont.

3 Wo arbeiten Sie?

   | In der Alten Pinakothek in München.

   | In einem Museum.

4 Aha. Und was sind Sie von Beruf?

   | Ich? Ich bin auch Verkäuferin.

   | Ich bin Verkäuferin. Im Museums-Shop.

▶ 1.21 **b** Hören Sie den Dialog und kontrollieren Sie Ihre Lösung.

7 Im Krankenhaus

▶ 1.22 **a** Hören Sie und markieren Sie in jedem Satz die am meisten betonte Silbe.

- ● Guten (A)bend. Wie (geht) es uns denn heute?
- ▲ Mir geht es gut. Aber wie es Ihnen geht, das weiß ich nicht.
- ● Wir nehmen jetzt noch unsere Tabletten.
- ▲ Warum nehmen wir denn unsere Tabletten?
- ● Wir wollen doch gut schlafen.
- ▲ Ist das erlaubt?
- ● Warum soll das nicht erlaubt sein?
- ▲ Sie dürfen doch bei der Arbeit nicht schlafen.
- ● Ich schlafe ja nicht.
- ▲ Aber Sie wollen doch auch eine Schlaftablette nehmen. Das haben Sie gesagt.
- ● Das haben Sie falsch verstanden. Sie nehmen eine Tablette. Und Sie schlafen dann.
- ▲ Warum sagen Sie das denn nicht gleich?
- ● Das habe ich doch gesagt. Also, wir nehmen jetzt die Tablette. Und dann machen wir das Licht aus.
- ▲ Ach! Können Sie das Licht nicht allein ausmachen?
- ● Doch, natürlich. Sagen Sie: Haben Sie Fieber?
- ▲ Ich nicht. Aber bei Ihnen stimmt etwas nicht. Zuerst wollen Sie eine Tablette nehmen. Dann keine. Dann wollen Sie meine Hilfe. Dann wieder nicht. Wer soll das verstehen?

▶ 1.23 **b** Karaoke: Hören Sie den Dialog noch einmal und sprechen Sie den Patienten.

> Sprechen Sie sehr leise. So hören Sie die betonten Silben gut. Denn die betonten Silben sind lauter – auch wenn man leise spricht. Oder sprechen Sie sehr laut. Die betonten Silben müssen dann noch lauter sein.

Du musst jetzt **schla**fen.

Du musst jetzt **schla**fen.

Pausen helfen zu verstehen.

Hier <u>muss</u> man Pausen machen:

– bei jedem Satzzeichen (Komma, Punkt, Fragezeichen ...).

– vor *und* und *oder*, wenn man etwas aufzählt: Wir brauchen Milch, | Eier, | Obst | und Brot. | Oder wenn ein neuer Satz / eine neue Wortgruppe beginnt: Muss Lena arbeiten | oder hat sie frei? |

Hier <u>kann</u> man Pausen machen:

– nach Zeitwörtern und nach Ortsangaben am Satz-Anfang:
   Jeden Morgen | macht Karla Frühstück für ihre Kinder. | Dann | bringt sie sie zur Schule. Auf dem Tisch | liegen Bücher und Stifte. |

– zwischen Wortgruppen. Als Sprecher entscheiden Sie selbst, wann Sie eine Pause machen: Ich habe heute | mit meiner Mutter | einen Kaffee getrunken. |

8 Ich packe meinen Koffer.

▶ 1.24 **a** Hören Sie und markieren Sie die Pausen mit |.

● Hast du deinen **Kof**fer schon gepackt? | Was nimmst du **mit**? |

▲ Drei **Ho**sen, fünf **T**-Shirts, einen Pull**o**ver, meine **Lieb**lingsjacke und **Schu**he natürlich.
   Einen warmen **Man**tel, **Stie**fel und eine **Müt**ze.
   Ein **Kleid**, zwei **Rö**cke und drei **Blu**sen.
   Ich nehme mein **Han**dy mit und natürlich auch ein **La**dekabel.

b Lesen und sprechen Sie den Dialog.

9 Mein Tag

▶ 1.25 **a** Hören Sie und markieren Sie die Pausen mit |.

Um sieben Uhr | stehe ich auf. | Ich dusche und ziehe mich an. Dann frühstücke ich. Um Viertel vor acht gehe ich aus dem Haus. Ich fahre mit der U-Bahn zur Arbeit. Den ganzen Tag sitze ich in meinem Büro und arbeite: Ich telefoniere, schreibe E-Mails und arbeite an meinen Projekten. Am Mittag mache ich eine kleine Pause. Um halb sechs fahre ich nach Hause. Ich bin sehr müde. Ich koche schnell etwas. Dann sehe ich noch ein bisschen fern und gehe früh ins Bett.

b Hören Sie noch einmal und markieren Sie die am meisten betonte Silbe in den rhythmischen Wortgruppen.

c Lesen und sprechen Sie den Text.

Nehmen Sie den Text mit dem Smartphone auf. Hören Sie selbst: Wie sprechen Sie? Sind Sie zufrieden? Was möchten Sie besser machen?

10 In Liebe

▶ 1.26 **a** Hören Sie und markieren Sie die Pausen mit |.

Am Morgen | esse ich nicht, |
sondern denke an dich.
Am Vormittag esse ich nicht,
sondern denke an dich.
Am Mittag esse ich nicht,
sondern denke an dich.
Am Nachmittag esse ich nicht,
sondern denke an dich.
Am Abend esse ich nicht,
sondern denke an dich.
In der Nacht schlafe ich nicht,
sondern esse für drei!

b Hören Sie noch einmal und markieren Sie die am meisten betonte Silbe in den rhythmischen Wortgruppen.

c Lesen und sprechen Sie den Text.

1 Richtig ausgesprochen?

▶ 1.27 Was sagt der Mann? Hören Sie und ergänzen Sie das Satzzeichen: Ausrufezeichen (!) oder Fragezeichen (?).

1 Kommen Sie mit _____   2 Kommen Sie mit _____

Wohin geht die Melodie am (Satz-)Ende? **!**

Nach unten ↓

– in Aussagen: Ich komme **mit.**

– bei Bitten und Aufforderungen (Imperativ): Kommen Sie **mit!**

– in W-Fragen (*Wann, Wo, Warum, Wie ...?*): Wann **kommst** du**?**

Nach oben ↑

– in Ja-/Nein-Fragen: Kommen Sie **mit?**

– in Fragen ohne Fragewort: Noch einen **Tee?** – Ja, gern.

– in W-Fragen, wenn Sie etwas nicht richtig verstanden haben und noch einmal nachfragen: **Wann** kommst du**?**

2 Frage oder Antwort

▶ 1.28 **a** Hören Sie und ergänzen Sie das Satzzeichen: Punkt (.) oder Fragezeichen (?).

1 Okay _?_   Okay _._
2 Einverstanden _____   Einverstanden _____
3 Alles klar _____   Alles klar _____
4 In Ordnung _____   In Ordnung _____
5 Ja, bitte _____   Ja, bitte _____
6 Sicher _____   Sicher _____

▶ 1.29 **b** Hören Sie und sprechen Sie leise mit.

1 ● Heute Abend essen wir **Piz**za. ↓ O**kay**? ↑

   ▲ O**kay**. ↓

2 ● Wir machen jetzt **Pau**se. ↓ **Ein**verstanden? ↑

   ▲ **Ein**verstanden. ↓

3 ● Du siehst **mü**de aus. ↓ Alles **klar** bei dir? ↑

   ▲ Alles **klar**. ↓

4 ● Meine **Mut**ter kommt zu Besuch. ↓ In **Or**dnung? ↑

   ▲ In **Or**dnung. ↓

5 ● Ja, **bit**te? ↑

   ▲ Ihr Pa**ket**. ↓ Soll ich es in den **Flur** stellen? ↑

   ● Ja, **bit**te. ↓

6 ● Du kommst nicht **mit**? ↑ **Si**cher? ↑

   ▲ **Si**cher. ↓

3 Oh, Entschuldigung!

a Markieren Sie die Melodie mit ↓ oder ↑.

Oh, Entschuldigung!

☺

1 Kein Pro**blem**. ↓

2 **Macht** nichts. _____

3 Schon **gut**. _____

4 Ist nicht so **schlimm**. _____

☹

5 Was **soll** das? _____

6 Pass doch **auf**! _____

7 Kannst du nicht **auf**passen? _____

8 Hast du To**ma**ten auf den Augen? _____

▶ 1.30 **b** Hören Sie und wiederholen Sie.

Der Satzakzent ist der höchste Ton oder der tiefste Ton. Vergleichen Sie: **!**

~~Zum Bahnhof, bitte.~~   ~~Zum Bahnhof?~~

4 Im Rhythmus: Im Taxi

▶ 1.31 **a** Hören Sie und zeichnen Sie die Melodie.

1 ● Zum **Bahn**hof, bitte.   3 ● Nach **Frank**furt, bitte.

▲ Zum **Bahn**hof?   ▲ Nach **Frank**furt?

● Ja, zum **Bahn**hof.   ● Ja, nach **Frank**furt.

2 ● Zur **U**ni, bitte.   4 ● Zum **Schwimm**bad, bitte.

▲ Zur **U**ni?   ▲ Zum **Schwimm**bad?

● Ja, zur **U**ni.   ● Ja, zum **Schwimm**bad.

b Hören Sie noch einmal und sprechen Sie leise mit.

▶ 1.32 **c** Sprechen Sie jetzt allein.

Zeichnen Sie die Melodie mit der Hand mit, wenn Sie sprechen.

zum   Bahn   hof

5 Ein schwieriger Name

▶ 1.33 **a** Hören Sie und markieren Sie die Melodie mit ↓ oder ↑.

● Wie ist Ihr Name? ↓

▲ Ich heiße Anton Philipp. _____

● Und wie ist der Familienname? _____

▲ Philipp. _____

● Ist das nicht ein Vorname? _____

▲ Doch. _____ Aber es ist auch ein Familienname. _____

● Ach so. _____

b Hören Sie noch einmal und markieren Sie die am meisten betonte Silbe.

c Hören Sie ein drittes Mal und zeichnen Sie die Melodie mit der Hand mit.

6 Telefonnummern

▶ 1.34 **a** Ist die Telefonnummer komplett oder fehlen noch Zahlen?

Hören Sie und kreuzen Sie an.

Die Telefonnummer ist …

	komplett	nicht komplett
1	☐	☒
2	☐	☐
3	☐	☐
4	☐	☐
5	☐	☐
6	☐	☐

b Sprache ausprobieren: Sprechen Sie Ihre Telefonnummer einmal komplett und einmal nicht komplett.

> Die Melodie bleibt „in der Mitte" →, solange man noch weitersprechen will. **!**

7 Zutaten

a Markieren Sie die Melodie mit →, ↑ oder ↓.

1 Für ein Ome**lett** → braucht man drei **Ei**er, _____ **Salz**, _____ **Pfef**fer _____ und **But**ter. _____

2 Für einen **Ap**felkuchen _____ braucht man drei bis vier **Äp**fel, _____ zwei **Ei**er, _____ 200 Gramm **Zu**cker, _____ 125 Gramm **But**ter _____ und 200 Gramm **Mehl**. _____

3 Kochst du Marmelade mit **Früch**ten _____ oder mit **Saft**? _____

4 Möchtest du Käse und To**ma**ten auf die **Piz**za? _____

5 In meine Suppe kommt Ge**mü**se, _____ manchmal auch **Hühn**chen _____ oder **Nu**deln. _____

▶ 1.35 **b** Hören Sie und kontrollieren Sie Ihre Lösung.

c Hören Sie noch einmal und wiederholen Sie.

8 Treffen wir uns?

▶ 1.36 **a** Hören Sie und markieren Sie zuerst nur die Pausen mit |.

● Was machst du am (Wo)chenende? | ↓

▲ Nichts Besonderes. _____ Ich kaufe ein, _____ putze die Wohnung _____ und surfe ein bisschen im Internet. _____

● Wollen wir zusammen grillen? _____ Ich glaube, _____ das Wetter wird schön. _____

▲ Gute Idee. _____ Am Samstag _____ oder am Sonntag? _____

● Am Samstag. _____

▲ Und wo grillen wir? _____

● Wir können am See grillen _____ und ein bisschen schwimmen. _____

▲ Einverstanden. _____ Ich kaufe die Getränke _____ und du bringst das Fleisch mit. _____ Okay? _____

● Alles klar. _____ Dann bis Samstag. _____

b Hören Sie ein zweites Mal und markieren Sie jetzt die Melodie mit →, ↓ oder ↑.

c Hören Sie ein drittes Mal und markieren Sie in jeder Wortgruppe die am meisten betonte Silbe.

▶ 1.37 **d** Karaoke: Hören Sie den Dialog noch einmal und sprechen Sie die Frau.

9 Wo ist ...?

a Lesen Sie und schreiben Sie den Text richtig.

EntschuldigungkönnenSiemirbittehelfenIchsuchedenBahnhofWiekommeichdorthin

Entschuldigung, ...

b Markieren Sie im Text die Pausen, die Melodie und die am meisten betonten Silben.
Entschuldigung, → | ...

▶ 1.38 **c** Hören Sie und kontrollieren Sie Ihre Lösung.

d Lesen und sprechen Sie jetzt den Text.

B1 Lange und kurze Vokale

1 Richtig ausgesprochen?

▶ 2.01 Was sagt die Frau? Was meint sie? Hören Sie und kreuzen Sie an.

Sie sagt: ☐ Miete ☐ Mitte

Sie meint: ☐ Miete ☐ Mitte

Betonte Vokale können lang oder kurz sein. **!**

2 Lebensmittel

▶ 2.02 **a** Ist der betonte Vokal lang oder kurz? Hören Sie und kreuzen Sie an.

	1	2	3	4	5	6	7	8	9	10
lang	☒	☐	☐	☐	☐	☐	☐	☐	☐	☐
kurz	☐	☐	☐	☐	☐	☐	☐	☐	☐	☐

b Hören Sie noch einmal und wiederholen Sie.

● Tee ● Brot ● Salz ● Milch ● Käse ● Wurst ● Obst ● Reis ● Saft ● Bier

In vielen Wörterbüchern für Deutsch als Fremd-
sprache wird die Wort-Betonung so angegeben:

– Unterstreichung für einen langen Vokal: ● Käse

– Punkt für einen kurzen Vokal: ● Salz

▶ 2.03 **c** Hören Sie und antworten Sie mit den Wörtern aus **b**. Hören Sie zuerst ein Beispiel.

● Trinkst du Kaffee?

▲ Nein, Tee.

Üben Sie besonders die Wörter mit langen Vokalen. Eine Geste hilft beim Üben: Breiten Sie bei langen Vokalen die Arme aus.

3 Zu Fuß oder mit einem Verkehrsmittel

▶ 2.04 **a** Hören Sie und lesen Sie mit.

Wir fahren mit der U-Bahn.

Ihr fahrt mit der Straßenbahn.

Wir fliegen mit dem Flugzeug.

Ihr fahrt mit dem Zug.

Wir fahren mit dem Fahrrad.

Aber ihr geht zu Fuß.

b Lesen und sprechen Sie den Text. Breiten Sie bei den langen Vokalen die Arme aus.

4 Mengen

▶ 2.05 **a** Welche Wörter haben einen langen Vokal? Hören Sie und markieren Sie die langen Vokale.

• Liter • Kilo • Packung • Gramm • Flasche • Dose • Stück • Glas

▶ 2.06 **b** Karaoke: Hören Sie und lesen Sie die Antworten laut.

1 ● …
▲ Hundert Gramm Käse.

2 ● …
▲ Einen Liter Milch.

3 ● …
▲ Ein Glas Tee.

4 ● …
▲ Eine Wurst.

5 ● …
▲ Eine Packung Salz.

6 ● …
▲ Ein Stück Brot.

7 ● …
▲ Nein. Nur Obst in der Dose.

8 ● …
▲ Hier: eine Flasche Wasser.

An der Schreibweise eines Wortes kann man oft erkennen, ob ein Vokal lang oder kurz ist. **!**

lang

aa, ah	p**aar**, f**ah**ren
äh	erz**äh**len
ee, eh	● T**ee**, n**eh**men
ie, ih	sp**ie**len, **ih**n
oo, oh	● Z**oo**, ● S**oh**n
öh	fr**öh**lich
uh	● St**uh**l
üh	● Fr**üh**stück
Vokal + ß	● Stra**ße**

kurz

Vokal + ff, ll, mm, nn, ss, tt …	ko**mm**en, bi**tt**e …
Vokal + ck	● Zu**ck**er
Vokal + tz	● Pla**tz**

Der Buchstabe *h* <u>nach</u> einem Vokal zeigt, dass der Vokal davor lang ist. Das *h* spricht man nicht.

5 Städte

▶ 2.07 **a** Hören Sie und markieren Sie die betonte Silbe in den Städtenamen.

1 (Kas)sel 2 Aachen 3 Cottbus 4 Siegen
5 Mühlheim 6 Osnabrück 7 Ditzingen 8 Straßburg

b Ordnen Sie zu: lang oder kurz?

lang: _____

kurz: *Kassel,* _____

▶ 2.08 **c** Hören Sie die Frage und antworten Sie mit den Städten aus **a**.
Hören Sie zuerst ein Beispiel.

● Wo wohnst du?
▲ In Kassel.

B

6 Im Rhythmus: Was esst ihr?

▶ 2.09 **a** Hören Sie und ergänzen Sie die fehlenden Konsonanten.

Wir e_ss_en Karto_____eln
mit Bu_____er und Salz.
Wir e_____en Salat
mit E_____ig und Öl.
Wir e_____en Po_____es

mit Ketchup und Wurst.
Wir trinken Ka_____ee
mit Zu_____er und Milch.
Wir trinken Wa_____er
mit Zitrone und Eis.

b Hören Sie noch einmal und sprechen Sie mit.

▶ 2.10 **c** Sprechen Sie jetzt allein.

> Doppelkonsonanten (**ff, ll, mm** ...) darf man <u>nicht</u> als zwei Konsonanten sprechen. Falsch: ~~Es-sig~~ Richtig: **E-sig**

7 In der Schule

a Trennen Sie die Wörter in Silben.

• Schule • Kinder • Lampe • Tafel • Bilder • Pause

lernen lesen schreiben fragen antworten helfen

Sch(u)-le, K(i)n-der, _____

_____

_____

b Markieren Sie den betonten Vokal in den Wörtern.

▶ 2.11 **c** Hören Sie und wiederholen Sie.

> **!**
> Die Silbe endet mit einem Vokal , das heißt, sie ist offen:
> • **Schu**-le → In betonten, offenen Silben ist der Vokal lang.
> Die Silbe endet mit einem Konsonanten , das heißt, sie ist geschlossen:
> • **Kin**-der → In betonten, geschlossenen Silben ist der Vokal kurz.

Hier ist der Vokal lang: **hus**-ten

au, ei, eu sind wie <u>ein</u> langer Vokal.

8 Paare

a Welche Vokale spricht man gleich? Verbinden Sie.

1	fahren	a	n**e**hmen
2	• Pl**a**tz	b	S**ie**
3	g**e**ben	c	m**o**rgen
4	• G**e**ld	d	h**a**ben
5	d**i**r	e	• H**u**nger
6	f**i**nden	f	m**a**chen
7	• C**o**la	g	g**u**t
8	• R**o**ck	h	• W**o**hnung
9	s**u**chen	i	schm**e**cken
10	• B**u**s	j	b**i**tte

▶ 2.12 **b** Hören Sie und kontrollieren Sie Ihre Lösung. Wiederholen Sie.

▶ 2.13 **c** Sätze sprechen: Hören Sie und wiederholen Sie.

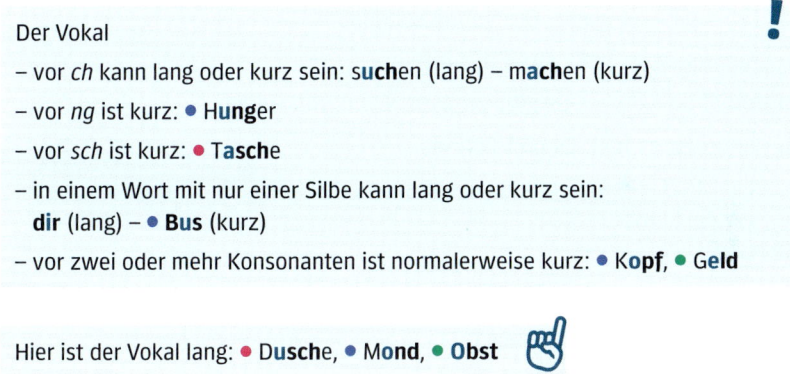

Der Vokal

– vor *ch* kann lang oder kurz sein: s**u**chen (lang) – m**a**chen (kurz)

– vor *ng* ist kurz: • H**u**nger

– vor *sch* ist kurz: • T**a**sche

– in einem Wort mit nur einer Silbe kann lang oder kurz sein:
  d**i**r (lang) – • B**u**s (kurz)

– vor zwei oder mehr Konsonanten ist normalerweise kurz: • K**o**pf, • G**e**ld

Hier ist der Vokal lang: • D**u**sche, • M**o**nd, • **O**bst

9 Mit Emotion, bitte: Au, das tut weh!

a Ist der Vokal in der betonten Silbe lang oder kurz? Entscheiden Sie mithilfe der Regeln auf Seite 23, 24 und 25 und markieren Sie lang (＿) und kurz (.).

1	• Kọpf	2	• Ohr	3	• Fuß	4	• Rücken
5	• Hals	6	• Zahn	7	• Arm	8	• Knie

▶ 2.14 **b** Hören Sie und wiederholen Sie.

10 Jahreszeiten und Wetter

a Ist der betonte Vokal lang oder kurz? Sortieren Sie die Wörter.

- Frühling • Sommer • Herbst • Winter • Sonne • Wind • Wolke
- Regen • Schnee • Grad   scheinen   heiß   warm   kalt   grau   dreißig

lang	kurz
Frühling	

▶ 2.15 **b** Hören Sie und wiederholen Sie.

Im Frühling ist es warm. Die Sonne scheint.

Im Sommer ist es heiß. Dreißig Grad.

Im Herbst ist es grau. Es gibt Wolken, Wind und Regen.

Im Winter ist es kalt. Es gibt Schnee.

11 Berufe

a Markieren Sie die betonte Silbe in den Wörtern.

1 • Ärztin   2 • Journalist   3 • Krankenschwester   4 • Student

5 • Köchin   6 • Kellner   7 • Lehrerin   8 • Verkäufer

b Ist der Vokal in der betonten Silbe lang oder kurz? Markieren Sie lang (__)
und kurz (.).

▶ 2.16 **c** Hören Sie und kontrollieren Sie Ihre Lösung.

▶ 2.17 **d** Hören Sie die Frage und antworten Sie mit den Berufen aus **a**.
Hören Sie zuerst ein Beispiel.

● Was bist du von Beruf?

▲ Ich bin Ärztin.

B2 Die Vokale a und ä

1 Richtig ausgesprochen?

▶ 2.18   Hören Sie und schreiben Sie die Antwort.

1 Was tut der Frau weh?   Ihre _____.

2 Was möchte der Mann?   _____.

3 Wer ist das?   Mein _____.

Bei **a** muss man den Mund weit öffnen – wie ein Opernsänger.
Kein **e** oder **o**!

Machen Sie bei **a** eine Geste wie im Video. ▶ 01

2 Früchte

▶ 2.19 **a** Hören Sie und wiederholen Sie.

● Apfel ● Ananas ● Banane ● Tomate ● Mango ● Paprika ● Papaya

b Suchen Sie im Internet nach dem "Mango Mango Kanon". Hören Sie das Lied und singen Sie dann mit.

c Ist das *a* in der betonten Silbe lang oder kurz? Markieren Sie lang (__) und kurz (.).

Wollt ihr Sal<u>a</u>t?

Nein, keinen Tom**a**tensalat.

Auch keinen P**a**prikasalat.

Ich h**a**be Obstsalat:

Mit M**a**ngo, **A**nanas, Ban**a**ne,

Apfel und Pap**a**ya.

▶ 2.20 **d** Hören Sie und kontrollieren Sie Ihre Lösung. Wiederholen Sie.

3 Mein Körper

a Wie heißt der Plural? Schreiben Sie.

1 ● H(a)ls   ● *Hälse*

2 ● Arm   ● _____

3 ● Hand   ● _____

4 ● Nase   ● _____

5 ● Zahn   ● _____

6 ● Haar   ● _____

b Markieren Sie *a* und *ä* in den Wörtern.

▶ 2.21   **c** Hören Sie und wiederholen Sie.

> Wörter mit **ä** kommen oft von Wörtern mit **a**: ● Apfel – ● Äpfel. **!**
>
> Man spricht **ä** wie ein offenes **e**.
>
> Der betonte Vokal **ä** kann lang oder kurz sein. Sehen Sie
> sich das Video an und machen Sie die Geste. ▶ 02

4 Verben mit Vokalwechsel

a Schreiben Sie die Fragen.

1 schon schlafen

    Schläfst du schon?

> Nicht vergessen:
> trennbare Verben trennen!

2 mich zur Party einladen

_____

3 Wann – die S-Bahn abfahren

_____

4 Wie – mein Fahrrad gefallen

_____

5 Wann – der Film anfangen

_____

6 bitte die Wäsche waschen

_____

▶ 2.22   **b** Hören Sie jetzt die Fragen und wiederholen Sie.

5 Durchsagen

a Ergänzen Sie *a* oder *ä*.

1 Meine D_a_men und Herren, der ICE 537 nach Hamburg, _____bf_____hrt 9.20 Uhr, f_____hrt heute von Gleis _____cht _____b.

2 Liebe F_____hrg_____ste, willkommen im EC 89 auf der F_____hrt von München nach Zürich. Im Moment h_____ben wir eine Versp_____tung von zehn Minuten.

3 Meine D_____men und Herren, wir erreichen in wenigen Minuten Halle, _____nkunft 18.04 Uhr. Vielen D_____nk, d_____ss Sie heute Meridio gew_____hlt haben. Bitte vergessen Sie kein Gep_____ck im Zug. Wir wünschen Ihnen einen schönen T_____g.

4 N_____chster H_____lt: Ansbach Hauptb_____hnhof. Dieser Zug endet dort. F_____hrg_____ste bitte _____lle aussteigen. Wir d_____nken für Ihre F_____hrt mit der Deutschen B_____hn.

▶ 2.23 **b** Hören Sie und kontrollieren Sie Ihre Lösung.

6 Wo ist ...?

a Ergänzen Sie *ä* oder *e*.

1 ● Entschuldigung, ich suche ein Handygesch_____ft.

   ▲ Im Z_____ntrum ist eins. Am Rathausplatz.

2 ● Ich habe eine Frage: Wo ist die Universit_____t?

   ▲ Die ist gleich die n_____chste Straße r_____chts.

3 ● K_____nnen Sie das Hot_____l „Merkur"?

   ▲ Ja, das ist ganz in der N_____he. Da vorne an der _____cke.

4 ● Ich kann dir meine Zahn_____rztin nur _____mpfehlen.

   ▲ Und wie komme ich dorthin? Kannst du mir das erkl_____ren?

5 ● Gibt es hier eine B_____ckerei?

   ▲ Ich weiß es nicht. Ich bin fr_____md hier.

▶ 2.24 **b** Hören Sie und lesen Sie mit.

▶ 2.25 **c** Karaoke: Hören Sie die Dialoge noch einmal und sprechen Sie den Mann.

B3 Der Vokal e

1 Richtig ausgesprochen?

▶ 2.26 Welches Bild passt? Hören Sie und notieren Sie die Bildnummer.
Einmal gibt es keine Lösung.

1    2

A _____   B _____   C _____

2 Dreimal „e"

▶ 2.27 Hören Sie und wiederholen Sie.

1 spät • Gespräch • Zähne gefällt hässlich
2 lernen sprechen lecker essen • Ente
3 lesen zehn legen fehlt • Esel

> !
> Der betonte Vokal **e** kann lang oder kurz sein.
> Sehen Sie sich das Video an. ▶ 03
> Das kurze **e** spricht man wie **ä**. Beispiel: **e**ssen → Kapitel B2
> Für das lange **e** muss man den Mund ein bisschen schließen
> und breit machen – wie beim Lächeln. Beispiel: • **E**sel
> Wann ist das **e** kurz, wann ist es lang? → Kapitel B1

3 Das lange „e"

▶ 2.28 **a** In welchen Wörtern hören Sie ein langes *e*? Kreuzen Sie an.

1 ☒   2 ☐   3 ☐   4 ☐   5 ☐   6 ☐

b Hören Sie noch einmal und wiederholen Sie.

Das lange e

Stecken Sie den kleinen Finger in den Mund und sagen Sie „ääää".
Schließen Sie den Mund immer weiter, bis Sie auf den Finger
beißen. Der Mund wird dabei immer breiter. Es wird e.

Machen Sie bei einem langen e die Geste wie im Video. ▶ 04

4 Familiennamen

▶ 2.29 **a** Hören Sie und wiederholen Sie.

1 Schmitz   2 Krause   3 Brandt   4 Lehmann   5 Wolff   6 Jung

▶ 2.30 **b** Hören Sie und antworten Sie mit den Namen aus **a**. Hören Sie zuerst ein Beispiel.

● Wie heißen Sie?

▲ Schmitz.

● Wie schreibt man das?

▲ eS – Ce – Ha – eM – I – Te – Zet

> Be, Ce, De, E, Ge ... – Hier muss man ein langes e sprechen. **!**
> eF, eL, eM, eN ... – Hier muss man ein kurzes e sprechen.

5 Allein draußen

▶ 2.31 **a** Hören Sie und lesen Sie mit. Konzentrieren Sie sich auf das lange *e*.

Am Meer lesen

Mit Leuten reden

Im Regen schnell gehen

Im Nebel nichts sehen

Mit Schnee kein Problem

Am See ist's bequem

Aber alles ist nichts –

Ohne dich!

b Lesen und sprechen Sie den Text.

6 Im Rhythmus: sehr – nicht

a Markieren Sie alle betonten *e.*

1 Das Essen ist sehr lecker.

2 Das Bett ist sehr bequem.

3 Der Text ist sehr schwierig.

4 Das Wetter ist sehr schlecht.

5 Der Lehrer ist sehr nett.

6 Der Keller ist sehr hell.

▶ 2.32 **b** Hören Sie und wiederholen Sie.

▶ 2.33 **c** Hören Sie noch einmal und antworten Sie mit *nicht*. Hören Sie zuerst ein Beispiel.

● Das Essen ist sehr lecker.

▲ Das Essen ist nicht lecker.

7 Richtig ausgesprochen?

▶ 2.34 Was ist richtig? Hören Sie und kreuzen Sie an.

1 ☐ Der Mann liebt das Meer.   ☐ Die Frau liebt das Meer.

2 ☐ Der Mann lebt am Meer.   ☐ Die Frau lebt am Meer.

Verwechseln Sie nicht **e** und **i**!

8 Wörter verbinden

▶ 2.35 Hören Sie und verbinden Sie die gehörten Wörter mit einer Linie.
Was sehen Sie?

9 Verben

▶ 2.36 **a** Welches Wort hören Sie? Kreuzen Sie an.

1 ☐ schenkt ☒ schickt
2 ☐ gebt ☐ gibt
3 ☐ seht ☐ sieht
4 ☐ lest ☐ liest
5 ☐ trefft ☐ trifft
6 ☐ lebt ☐ liebt

▶ 2.37 **b** Hören Sie und wiederholen Sie.

c Welches der beiden Wörter aus **a** passt? Setzen Sie ein. Ergänzen Sie.

1 Wer *schickt* dir einen Brief?
2 Es _____ vier Kinos in der Stadt.
3 _____ mal Mama, ein Esel!
4 _____ mehr!
5 Wo _____ ihr euch?
6 Nino _____ Nina.

▶ 2.38 **d** Hören Sie und wiederholen Sie.

10 Wann hast du Zeit?

▶ 2.39 **a** Hören Sie und markieren Sie die betonte Silbe.

• Ⓐbend   morgen   • Woche   • Viertel   nächstes

▶ 2.40 **b** Karaoke: Hören Sie und lesen Sie die Antworten laut.

1 • ...
  ▲ Am Abend.
2 • ...
  ▲ Morgen.
3 • ...
  ▲ Nächste Woche.
4 • ...
  ▲ Um Viertel vor sieben.
5 • ...
  ▲ Nächstes Jahr.

In nicht betonten Silben spricht man **e** nur reduziert (• Woch**e**) oder überhaupt nicht – besonders in den Endsilben -en, -el.

morg**e**n

Viert**e**l

!

11 Im Rhythmus: Tolle Kleidung

▶ 2.41 **a** In welchen Silben spricht man das *e* nicht oder nur reduziert? Hören Sie und markieren Sie.

Die Schu(he) (ge)fall(en) mir gut.

Die Socken gefallen mir auch.

Den Mantel finde ich toll.

Die Blusen, die Jacken, die Hosen –

alles wirklich wundervoll.

Aber am besten gefällt mir

der Gürtel in Dunkelrot.

b Hören Sie noch einmal und sprechen Sie leise mit.

▶ 2.42 **c** Sprechen Sie jetzt allein.

> **!** Auch die Präfixe *ge-* und *be-* sind nicht betont. Man spricht **e** reduziert: g**e**fall**e**n, b**e**komm**e**n.

12 Was hast du gestern gemacht?

a Ergänzen Sie das Partizip Perfekt.

1 Ich habe ein Buch *gelesen*. (lesen)

2 Ich habe im Internet etwas _____. (bestellen)

3 Ich bin ins Museum _____. (gehen)

4 Ich habe Nachrichten _____. (schreiben)

5 Ich habe meine Eltern _____. (besuchen)

6 Ich habe meinen neuen Job _____. (beginnen)

7 Ich habe Fußball _____. (spielen)

8 Ich bin nach Berlin _____. (fahren)

▶ 2.43 **b** Hören Sie die Frage und antworten Sie mit den Sätzen aus **a**.

B4 Der Vokal **i**

1 Richtig ausgesprochen?

▶ 2.44   Was ist richtig? Hören Sie und kreuzen Sie an.

1 Was möchte die Frau?

☐ Sie möchte Geld von dem Mann haben.

☐ Sie möchte einen Teppich kaufen.

2 Warum ist der Verkäufer nicht zufrieden?

☐ Er glaubt, die Frau möchte Geld haben. Sie sagt „bitte", nicht „biete".

☐ Die Frau bietet zu wenig Geld für den Teppich an.

> **!**
> Der betonte Vokal **i** kann lang oder kurz sein. Sehen Sie sich das Video an und machen Sie die Geste. ▶ 05
> Das lange **i** und das kurze **i** klingen nicht gleich! Vergleichen Sie: ● Igel – ● Insel ▶ 06
> Wann ist das **i** kurz, wann ist es lang? → Kapitel B1

2 Lang oder kurz?

▶ 2.45 **a** Hören Sie und ordnen Sie zu.

● Kilo   trinken ● B**ie**r ● Milch ● Br**ie**f   schicken ● Stift ● Pap**ie**r

Langes i: *Kilo,* _____

Kurzes i: _____

▶ 2.46 **b** Hören Sie und wiederholen Sie.

Ein langes **i** schreibt man meistens **ie**. Bitte nicht „i-e" sprechen, es ist nur **i**! ❗

Ausnahmen:

– am Wortanfang: ● **I**gel

– die Personalpronomen w**i**r, m**i**r, d**i**r, **i**hr, **i**hm, **i**hn, **i**hnen

– Wörter aus anderen Sprachen: ● Mus**i**k, ● K**i**no

3 Danken

▶ 2.47 **a** Hören Sie und wiederholen Sie.

▶ 2.48 **b** Karaoke: Hören Sie und lesen Sie die Antworten laut.

1 ● ...
   ▲ Danke. Für dich auch.

2 ● ...
   ▲ Danke. Ihnen auch.

3 ● ...
   ▲ Danke. Sie auch.

4 ● ...
   ▲ Danke. Mir auch.

4 Im Rhythmus: –ieren

▶ 2.49 **a** Hören Sie und markieren Sie die betonte Silbe.

pro**bie**ren, markieren, studieren,

informieren, reparieren, gratulieren,

funktionieren, telefonieren, organisieren

b Hören Sie noch einmal und sprechen Sie leise mit.

▶ 2.50 **c** Sätze sprechen: Hören Sie und wiederholen Sie.

5 Zungenbrecher

▶ 2.51 Hören Sie und sprechen Sie dann selbst.

Wenn Fl**ie**gen hinter Fl**ie**gen fl**ie**gen, fl**ie**gen Fl**ie**gen hinter Fl**ie**gen.

B5 Die Vokale o und ö

1 Passende Paare?

▶ 2.52 **a** Sind die *o*-Laute gleich oder nicht? Hören Sie und kreuzen Sie an.

	gleich	nicht gleich
1 • Sonne und • Wolken	☒	☐
2 • Pullover und • Rock	☐	☐
3 • Opa und • Oma	☐	☐
4 • Kopf und • Ohren	☐	☐
5 • Brot und • Honig	☐	☐
6 • Sofa und • Wohnzimmer	☐	☐
7 • Monat und • November	☐	☐
8 • Büro und • Ordner	☐	☐

b Hören Sie noch einmal und wiederholen Sie.

> Der Vokal **o** kann lang oder kurz sein. Sehen Sie sich das Video an und machen Sie die Geste. ▶ 07
>
> Das kurze **o** und das lange **o** spricht man nicht gleich: • Ordner – • Oma ▶ 08
>
> Wann ist das **o** kurz, wann ist es lang? → Kapitel B1

Das lange o

Sagen Sie „aaaa" und schließen Sie den Mund immer mehr. Machen Sie den Mund dabei runder und runder.

Sagen Sie ein offenes „o". Legen Sie die Zeigefinger links und rechts neben den Mund und schieben Sie ihn mit den Fingern nach vorne – aus dem offenen **o** wird ein geschlossenes **o**.

2 Speiseplan

▶ 2.53 **a** Hören Sie und lesen Sie mit.

Morgens Brot

Vormittags Obst

Mittags Pommes und Cola

Nachmittags Schokolade

Abends Kartoffeln mit Soße

b Sprechen Sie jetzt allein.

3 Geburtsort und Wohnort

▶ 2.54 **a** Hören Sie und markieren Sie: Ist das betonte *o* lang (__) oder kurz (.)?

B<u>o</u>chum   Oldenburg   Bonn   Rostock   Solingen   Coburg

b Hören Sie noch einmal und wiederholen Sie.

c Schreiben Sie Sätze wie im Beispiel.

1 Olga *kommt aus Bochum, wohnt aber in Oldenburg.*
2 Otto *kommt aus Oldenburg* _____.
3 Leo _____.
4 Jonas _____.
5 Monika _____.

▶ 2.55 **d** Hören Sie und kontrollieren Sie Ihre Lösung. Wiederholen Sie.

4 Richtig ausgesprochen?

▶ 2.56   Was sagt der Mann? Was meint er?

Hören Sie und kreuzen Sie an.

Er sagt:	☐ Ohren	☐ Uhren
Er meint:	☐ Ohren	☐ Uhren

Verwechseln Sie nicht **o** und **u**! ☝

5 Termine

a Ergänzen Sie *o* oder *u*.

1 Am M <u>o</u>ntag m_____ss ich z_____r P_____st gehen.
2 Am D_____nnerstag m_____ss ich die W_____hnung p_____tzen.
3 Am S_____nntag k_____mmt mein _____nkel z_____ Bes_____ch.
4 Wir w_____llen z_____sammen N_____deln k_____chen.
5 Nächste W_____che b_____che ich meinen _____rlaub.
6 Nächsten M_____nat fahre ich mit dem Z_____g an die _____stsee.
7 Im J_____li ist ein gr_____ßes Fest: meine H_____chzeit.

▶ 2.57 **b** Hören Sie und wiederholen Sie.

6 Richtig ausgesprochen?

 2.58 Was ist richtig? Hören Sie die zwei Dialoge und kreuzen Sie an.

1 ☐ Viktor kommt aus Köln. ☐ Viktor ist Kellner von Beruf.

2 ☐ Der Mond scheint heute sehr früh. ☐ Der Mondschein ist schön.

Nicht verwechseln, bitte: **ö** ist nicht wie **e** und auch nicht wie **o**! ☝

7 Fragen

 2.59 **a** Was hören Sie? Kreuzen Sie an.

	o	ö	e			o	ö	e
1	☐	☒	☐		6	☐	☐	☐
2	☐	☐	☐		7	☐	☐	☐
3	☐	☐	☐		8	☐	☐	☐
4	☐	☐	☐		9	☐	☐	☐
5	☐	☐	☐		10	☐	☐	☐

b Hören Sie noch einmal und wiederholen Sie.

 2.60 **c** Sätze sprechen: Hören Sie und wiederholen Sie.

1 W**o**llt ihr Br**ö**tchen **o**der Br**o**t?

2 Kennst du die L**ö**sung?

3 K**ö**nnt ihr sch**o**n lesen?

4 H**ö**rst du den L**ö**wen?

5 Ist es sch**o**n zw**ö**lf?

Der Vokal **ö** kann lang oder kurz sein. Sehen Sie sich das Video an und machen Sie die Geste. ▶ 09

Das kurze **ö** und das lange **ö** spricht man nicht gleich:
● Löffel – ● Brötchen ▶ 10 ▶ 11

Wann ist das **ö** kurz, wann ist es lang? → Kapitel B1

Sagen Sie „eeee" wie im Video und machen Sie den Mund runder und runder. Aus dem langen **e** wird ein langes **ö**. Achten Sie auf Ihre Zunge! Sie muss wie bei **e** bleiben. ▶ 12

Sagen Sie „ääää" und machen Sie den Mund runder und runder. Aus dem **ä** wird ein offenes **ö**.

Stecken Sie einen Stift in den Mund. Wenn Sie **o** sagen, berührt der Stift die Zunge nicht. Wenn Sie **ö** sagen, stoppt der hintere Teil der Zunge den Stift.

8 Familie

a Wie heißt der Plural? Schreiben Sie.

1 • Onkel   • *Onkel*   4 • Oma   • _____

2 • Sohn   • _____   5 • Großvater   • _____

3 • Tochter   • _____   6 • Opa   • _____

▶ 2.61 **b** Hören Sie und wiederholen Sie.

9 Verabredung

a Markieren Sie alle *o* und *ö* in den Dialogen: kurz (.) und lang (__).

1 • Wollen wir ins Kino gehen?

▲ Ins Kino möchte ich nicht so gern.

• Wir können auch in die Oper gehen.

▲ Oh nein! Können wir nicht zu Hause Musik hören?

2 • Ich möchte mir morgen eine neue Hose kaufen. Kommst du mit?

▲ Wann möchtest du los?

• Um zwölf.

▲ Okay. Ich hole dich ab.

▶ 2.62 **b** Hören Sie die Dialoge und lesen Sie mit.

▶ 2.63 **c** Hören Sie noch einmal und sprechen Sie den Mann.

10 Mit Emotion, bitte!

▶ 2.64 **a** Hören Sie und wiederholen Sie.

Wow! Voll toll!

Oh! Voll schön!

Hey! Voll cool!

Menno! Voll blöd!

Haha! Voll lustig!

Boah! Voll super!

b Üben Sie auch mit *so, total, echt*.

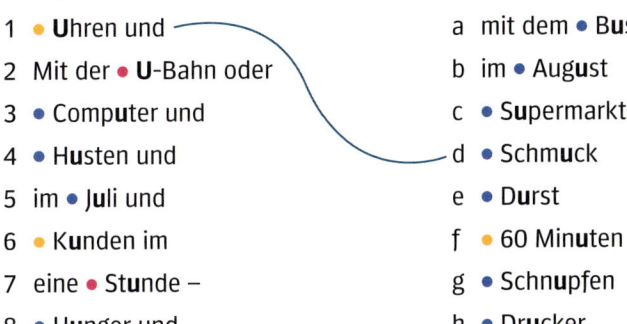

B6 Die Vokale u und ü

1 Passende Paare?

a Was passt zusammen? Verbinden Sie.

1	• **U**hren und	a	mit dem • B**u**s
2	Mit der • **U**-Bahn oder	b	im • A**u**gust
3	• Comp**u**ter und	c	• S**u**permarkt
4	• H**u**sten und	d	• Schm**u**ck
5	im • J**u**li und	e	• D**u**rst
6	• K**u**nden im	f	• 60 Min**u**ten
7	eine • St**u**nde –	g	• Schn**u**pfen
8	• H**u**nger und	h	• Dr**u**cker

▶ 2.65 **b** Hören Sie und kontrollieren Sie Ihre Lösung. Wiederholen Sie.

> Der Vokal **u** kann lang oder kurz sein. Sehen Sie sich das Video an und machen Sie die Geste. ▶ 13 **!**
>
> Das kurze **u** und das lange **u** klingen nicht gleich: • B**u**s – • **U**-Bahn ▶ 14
>
> Wann ist das **u** kurz, wann ist es lang? → Kapitel B1

> Vergleichen Sie mit Englisch:
>
> langes **u** wie in: • J**u**ni – J**u**ne
>
> kurzes **u** wie in: G**u**ck! – c**oo**k

2 Am Bahnhof

a Markieren Sie *u*: kurz (.) und lang (＿).

1 Um vier **U**hr.   2 Eine Viertelst**u**nde.   3 Sieben Min**u**ten.

4 Z**u** F**u**ß.   5 Wo m**u**ss ich **u**msteigen?   6 Unter dem B**u**ch.

▶ 2.66 **b** Hören Sie und verwenden Sie die Antworten aus **a**. Hören Sie zuerst ein Beispiel.

● Wann fährt der Zug?

▲ Um vier Uhr.

3 Labyrinth

a Verbinden Sie alle Wörter mit langem *u*. Beginnen Sie bei *Schuhe*.
Wo kommen Sie an?

• Museum	• Unterricht	• Bluse	• Buch	• Blume	• Club
kurz	gut	• Bruder	• Mutter	• Kuchen ↑	unten
• Fußball	• Dusche	• Schluss	• Schuhe ⟶	• Beruf	• Kurs
• Natur	• Nummer	jung	• Entschuldigung	kaputt	gesund
• Flughafen	• Hund	• Gruppe	• Unfall	lustig	• Schule

▶ 2.67 **b** Hören Sie und wiederholen Sie.

4 Du musst …

▶ 2.68 Hören Sie und antworten Sie. Hören Sie zuerst ein Beispiel.

● Du musst Butter kaufen.

▲ Ich muss Butter kaufen.

5 Richtig ausgesprochen?

▶ 2.69 **a** Was ist richtig? Hören Sie und kreuzen Sie an.

1 ☐ Der Kuchen schmeckt gut.

2 ☐ Die Küche ist schön.

▶ 2.70 **b** Was sagt der Mann? Was meint er? Hören Sie und kreuzen Sie an.

Er sagt: ☐ Tier   ☐ Tür

Er meint: ☐ Tier   ☐ Tür

Nicht verwechseln, bitte: **ü** ist nicht wie **i** und auch nicht wie **u**! 🤏

6 Pech am Morgen

▶ 2.71 **a** Was hören Sie? Kreuzen Sie an.

	u	ü	i			u	ü	i
1	☐	☐	☒		6	☐	☐	☐
2	☐	☐	☐		7	☐	☐	☐
3	☐	☐	☐		8	☐	☐	☐
4	☐	☐	☐		9	☐	☐	☐
5	☐	☐	☐		10	☐	☐	☐

b Hören Sie noch einmal und wiederholen Sie.

▶ 2.72 **c** Hören Sie und lesen Sie mit.

Liebe S**u**si,

f**ü**nf **U**hr fr**ü**h,

ich bin so m**ü**de.

Mein Z**u**g – nicht p**ü**nktlich!

Den B**ü**roschl**ü**ssel – vergessen!

Mein R**ü**cken t**u**t weh.

Ich kann mich nicht b**ü**cken.

Viele Gr**ü**ße

Ulli

d Sprechen Sie jetzt allein.

Der Vokal **ü** kann lang oder kurz sein. Sehen Sie sich das Video an und machen Sie die Geste. ▶ 15

Das kurze **ü** und das lange **ü** klingen nicht gleich:

● K**ü**che – ● Gem**ü**se ▶ 16

Wann ist das **ü** kurz, wann ist es lang? → Kapitel B1

Sagen Sie „iiiii" wie im Video und machen Sie den Mund runder und runder. Aus dem langen **i** wird ein langes **ü**. Achten Sie auf Ihre Zunge! Sie muss wie bei **i** bleiben. ▶ 17

Machen Sie einen Kussmund: „üüüü"

Stecken Sie einen Stift in den Mund. Wenn Sie **u** sagen, berührt der Stift die Zunge nicht. Wenn Sie **ü** sagen, stoppt der hintere Teil der Zunge den Stift.

7 Günstig oder teuer?

▶ 2.73 **a** Hören Sie und wiederholen Sie.

1 ● St**ü**hle	2 ● K**ü**hlschrank	3 ● B**ü**cher	4 ● M**ü**tze
5 ● Gem**ü**se	6 ● Parf**ü**m	7 ● Sp**ü**lmaschine	8 ● Str**ü**mpfe

▶ 2.74 **b** Hören Sie und antworten Sie mit den Wörtern aus **a**. Hören Sie zuerst ein Beispiel.

● Die Stühle sind günstig.

▲ Günstig? Die Stühle sind teuer!

8 Hausordnung

a Ergänzen Sie *müssen* oder *dürfen*.

Wir *müssen* die Wohnung gut lüften.

Tiere _____ wir nicht haben.

Am Abend _____ wir leise sein.

Wir _____ nicht Klavier üben.

Im Flur _____ keine Schuhe stehen.

Wir _____ selbst die Treppe putzen.

Natürlich _____ wir im Flur nicht rauchen.

Auf dem Balkon _____ wir nicht grillen.

Die Haustür _____ wir immer schließen.

Im Hof _____ wir nicht Fußball spielen.

Und wir _____ den Müll trennen.

▶ 2.75 **b** Hören Sie und kontrollieren Sie Ihre Lösung. Wiederholen Sie.

B7 Die Diphthonge au/äu, ai/ei, eu

1 Richtig ausgesprochen?

▶ 2.76 Was ist richtig? Hören Sie den Dialog und kreuzen Sie an.

1 Die Frau fährt mit ☐ Otto ☐ dem Auto zur Arbeit.

2 Eine Fahrt kostet ☐ zehn Öre. 🇸🇪 ☐ zehn Euro. 🇪🇺

Man spricht **au** wie „au" oder „ao". ▶ 18

Man spricht **ai** und **ei** wie „ai" oder „ae". ▶ 19

Man spricht **äu** und **eu** wie „oi" oder „oe". ▶ 20

Man darf die Vokale beim Sprechen nicht trennen!

E~u~ro

Euro = „Oiro"

Die Schreibweise **ai** kommt nur selten vor: • Mai.

2 Woher kommst du?

▶ 2.77 **a** Hören Sie und wiederholen Sie.

1 **Deu**tschland   2 Österr**ei**ch   3 • Schw**ei**z

4 **Au**stralien   5 **Neu**seeland   6 • Türk**ei**

▶ 2.78 **b** Hören Sie und antworten Sie mit den Ländern aus **a**. Hören Sie zuerst ein Beispiel.

● Woher kommst du?

▲ Aus Deutschland.

3 Adjektive

a Welches Adjektiv passt? Ordnen Sie zu.

blau • heiß • klein • laut • teuer • ~~weiß~~ • braun • grau • leise

Schnee ist *weiß*.

Der Sommer ist _____.

Musik ist _____ oder _____.

Augen sind _____, _____ oder _____.

Autos sind groß oder _____,

billig oder _____.

▶ 2.79 **b** Hören Sie und kontrollieren Sie Ihre Lösung. Wiederholen Sie.

4 Plural

a Wie heißt der Plural? Schreiben Sie.

1 • Raum   • *Räume*
2 • Frau   • _____
3 • Baum   • _____

4 • Maus   • _____
5 • Auto   • _____
6 • Haus   • _____

▶ 2.80 **b** Hören Sie und wiederholen Sie.

> Wörter mit **äu** kommen von Wörtern mit **au**. Aber man spricht **äu** wie **eu**!   **!**

5 In Eile

a Ergänzen Sie *ei* oder *ie*.

● Sp*ie*len wir am D___nstag Fußball?

▲ Tut mir l___d, da habe ich k___ne Z___t.

● Und am Fr___tag? Geht das v___ll___cht?

▲ L___der n___n. Da fl___ge ich nach W___n und komme erst am Sonntag w___der.

● Und w___ s___ht es nächste Woche aus?

▲ Hör mal, ich habe es ___lig. Auf W___dersehen.

▶ 2.81 **b** Hören Sie und sprechen Sie leise mit.

> Nicht verwechseln, bitte: **ei** ≠ **ie**   🤙

6 Schriftliche Einladung

a Ergänzen Sie *au, ei, ai* oder *eu*.

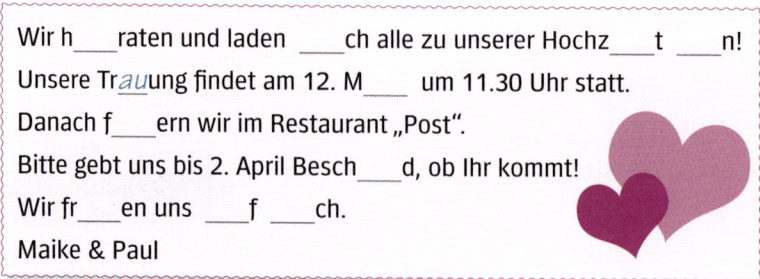

Wir h___raten und laden ___ch alle zu unserer Hochz___t ___n!
Unsere Tr*au*ung findet am 12. M___ um 11.30 Uhr statt.
Danach f___ern wir im Restaurant „Post".
Bitte gebt uns bis 2. April Besch___d, ob Ihr kommt!
Wir fr___en uns ___f ___ch.
Maike & Paul

▶ 2.82 **b** Hören Sie und sprechen Sie leise mit.

B8 Der Vokalneueinsatz

1 Richtig ausgesprochen?

▶ 2.83 Was sagt die Frau? Was meint sie? Hören Sie und kreuzen Sie an.

Sie sagt: ☐ Erdbeereis ☐ Erdbeerreis

Sie meint: ☐ Erdbeereis ☐ Erdbeerreis

Vor | **ei**nem Wort | **o**der | **ei**ner Silbe mit | **ei**nem Vokal beginnt man „neu". Das heißt: Es „knackt". Man darf die Wörter <u>nicht</u> verbinden wie im Französischen oder Italienischen.

Erdbee-**reis**

Erbeer-**eis**

!

Notieren Sie in Texten die nötigen Mini-Sprechpausen vor jedem Wort / jeder Silbe mit Vokal durch |.

Machen Sie vor einem Vokal eine Geste: Schlagen Sie die Zeigefinger kurz und schnell gegeneinander und sagen Sie den Vokal.

2 Anfang und Ende

▶ 2.84 **a** Hören Sie und wiederholen Sie.

1 • Anfang   am | Anfang

2 • Ende   zu | Ende

3 • Abend   • Feier | abend

4 • Anfang   • Monats | anfang

5 • Ende   • Wochen | ende

6 • Essen   • Abend | essen

▶ 2.85 **b** Sätze sprechen: Hören Sie und wiederholen Sie.

3 Zahlen

▶ 2.86 **a** Hören Sie die Zahlen und schreiben Sie sie.

11,

b Hören Sie noch einmal und wiederholen Sie.

4 Zungenbrecher

▶ 2.87 Hören Sie und sprechen Sie dann selbst.

In | Ulm | und | um | Ulm | und | um | Ulm herum.

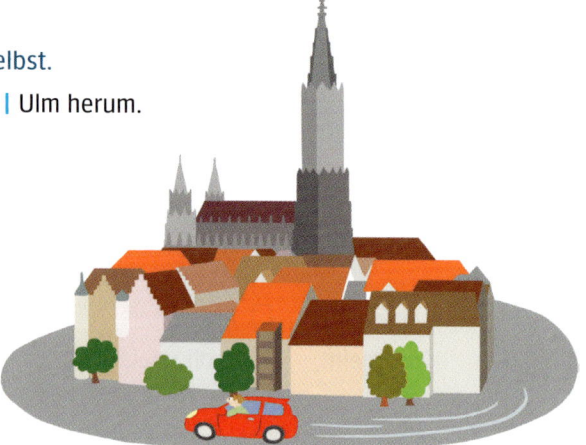

5 Im Rhythmus: Alternativen

▶ 2.88 **a** Hören Sie und lesen Sie mit.

Heute Abend oder morgen Abend?

Im April oder im August?

Um ein Uhr oder um elf Uhr?

Nach Island oder nach Italien?

Mit dem Auto oder mit der U-Bahn?

Ach! Es ist mir total egal.

b Hören Sie noch einmal und sprechen Sie mit.

▶ 2.89 **c** Sprechen Sie jetzt allein.

6 Bitten und Aufforderungen

a Wo müssen Sie eine kleine Pause (= den Knacklaut) machen? Markieren Sie mit |.

1 Kauf bitte | ein. Wir brauchen | Äpfel | und | Eier.

2 Mach bitte das Fenster auf. Mir ist heiß.

3 Machen Sie bitte Ihr Handy aus. Hier ist das Telefonieren nicht erlaubt.

4 Steh endlich auf! Es ist schon elf Uhr.

5 Sie müssen den Antrag hier unterschreiben.

6 Kannst du mir die Aufgabe erklären?

7 Der Kurs fängt am ersten Oktober an. Bringen Sie bitte Ihren Ausweis
zur Anmeldung mit.

▶ 2.90 **b** Hören Sie und kontrollieren Sie Ihre Lösung. Sprechen Sie die Sätze dann allein.

C1 Der Konsonant r

1 Richtig ausgesprochen?

▶ 3.01 Was ist richtig? Hören Sie und kreuzen Sie an.

1 Fionas Augen sind ☐.   ☐.

> Man sollte den Konsonanten **r** nicht wie das englische **r** aussprechen und auch nicht wie **l**, **h** oder **ch**!

2 Fiona hat eine ☐   ☐ bekommen.

> Gurgeln Sie mit Wasser wie im Video und üben Sie. ▶ 21
> Diese Variante von **r** wird in den meisten Regionen Deutschlands gesprochen.
>
> Ist Ihre Muttersprache Italienisch, Spanisch, Türkisch, Russisch oder Arabisch? Dann rollen Sie das **r** vorne an der Zungenspitze. Diese Variante von **r** wird auch in manchen Regionen Deutschlands und fast überall in Österreich und der Deutsch-Schweiz gesprochen!
>
> Sagen Sie „rrrr" und machen Sie die Geste wie im Video. ▶ 22

2 Frühling

▶ 3.02 **a** In welchem Wort hören Sie *r*? Kreuzen Sie an.

	1	2	3	4	5	6
1. Wort	☐	☐	☐	☐	☐	☐
2. Wort	☒	☐	☐	☐	☐	☐

b Hören Sie noch einmal und wiederholen Sie.

▶ 3.03 **c** Hören Sie und lesen Sie mit.

Es ist **Fr**ühling,
kannst du es fühlen?
Komm **r**aus aus dem Haus!
Selten **R**egen,
in der Sonne liegen,
die Tage nicht zu heiß, doch hell.
Röcke und Hosen aus dem Sch**r**ank – schnell!

3 Karaoke: Mag ich!

▶ 3.04 **a** Hören Sie und wiederholen Sie.

• Regen • Radio rot • Rosen • Rad • Regal

▶ 3.05 **b** Hören Sie die Fragen und lesen Sie die Antworten laut.

1 ● …
   ▲ Ja. Ich mag **R**egen.

2 ● …
   ▲ Ja. Ich höre gern **R**adio.

3 ● …
   ▲ Ich finde die Farbe **R**ot schön.

4 ● …
   ▲ Ja. Ich mag **R**osen.

5 ● …
   ▲ Ja. Ich fahre gern **R**ad.

6 ● …
   ▲ Ich finde das **R**egal zu groß.

4 Konsonant + *r*

a Was passt wo? Ordnen Sie zu.

Br/br • Fr/fr • ~~Gr/gr~~ • Pr/pr • Tr/tr

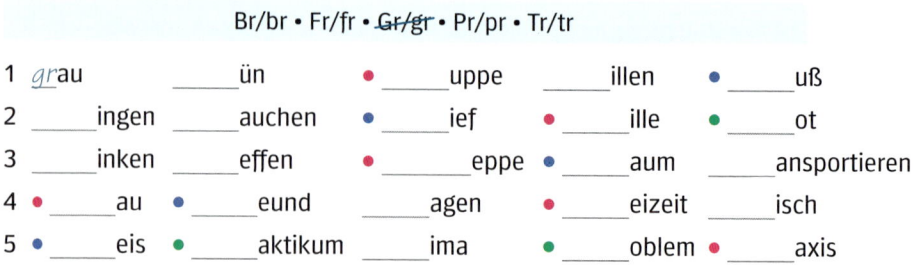

1 *gr*au   ____ün   • ____uppe   ____illen   • ____uß

2 ____ingen   ____auchen   • ____ief   • ____ille   • ____ot

3 ____inken   ____effen   • ____eppe   • ____aum   ____ansportieren

4 • ____au   • ____eund   ____agen   • ____eizeit   ____isch

5 • ____eis   • ____aktikum   ____ima   • ____oblem   • ____axis

▶ 3.06 **b** Hören Sie und kontrollieren Sie Ihre Lösung. Wiederholen Sie.

5 Trotzdem!

a Ordnen Sie zu und schreiben Sie Sätze mit *trotzdem*.

arbeiten • rauchen • ~~rausgehen~~ • ein großes Regal kaufen •
Briefe schreiben • keine Brille tragen

1 Es regnet. *Trotzdem gehe ich raus.*

2 Es ist nicht gesund. _____

3 Ich bin krank. _____

4 Ich sehe schlecht. _____

5 Ich habe einen Laptop. _____ mit der Hand.

6 Meine Wohnung ist nicht groß. _____

▶ 3.07 **b** Hören Sie und wiederholen Sie.

6 Wörter auf *-er*

a Testen Sie sich, wie gut Sie die Wörter kennen. Ergänzen Sie.

1 Welche Familienmitglieder enden auf *-er*?

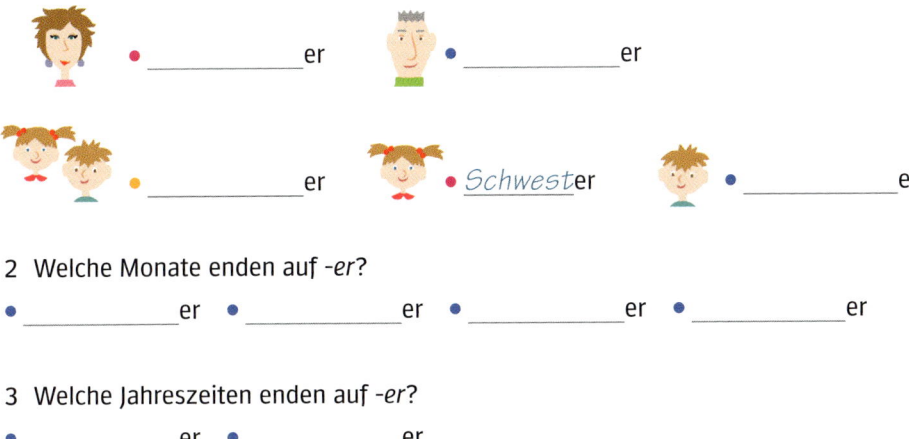

• _____er   • _____er

• _____er   • *Schwest*er   • _____er

2 Welche Monate enden auf *-er*?

• _____er   • _____er   • _____er   • _____er

3 Welche Jahreszeiten enden auf *-er*?

• _____er   • _____er

▶ 3.08 **b** Hören Sie und kontrollieren Sie Ihre Lösung. Wiederholen Sie.

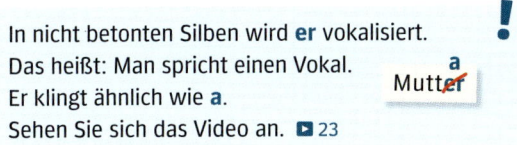

> In nicht betonten Silben wird **er** vokalisiert.
> Das heißt: Man spricht einen Vokal.
> Er klingt ähnlich wie **a**.
> Sehen Sie sich das Video an. ▶ 23
>
> Mutt**er** ᵃ !

7 Mit Emotion, bitte!

▶ 3.09 **a** Hören Sie und wiederholen Sie.

1 **Er**zähl doch mal!

2 **Er**klär das mal bitte!

3 **Ver**giss es!

4 **Ver**such's doch mal!

5 Stell dir **vor**!

> In den Endsilben *-ern* und
> *-ert* und in den Präfixen
> *er-, ver-, vor-* ist **r** vokalisiert.
>
> 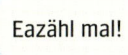 Eazähl mal! !

b Lesen und sprechen Sie die Sätze.

1 Du hast einen neuen Freund? Sup**er**! **Er**zähl doch mal!

2 Ich habe heute Butt**er** gekauft. Die ist jetzt weg. **Er**klär das mal bitte!

3 Ich soll dir hund**ert** Euro leihen? **Ver**giss es!

4 Wand**ern** ist toll. **Ver**such's doch mal!

5 Stell dir **vor**, Pet**er** und Pia sind seit gest**ern** Elt**ern**!

8 Erlaubt oder verboten?

a Ergänzen Sie: *erlaubt* oder *verboten*?

1 Im Schwimmbad ist Schwimmen *erlaubt*.

2 In der Bibliothek ist laute Musik _____.

3 Im Bus ist Rauchen _____.

4 Im Zug ist Schlafen _____.

5 Im Theater ist Telefonieren _____.

6 Auf Radwegen ist Fahrradfahren _____.

▶ 3.10 **b** Hören Sie und wiederholen Sie. Achten Sie auf *er-* und *ver-*.

9 Urlaub

▶ 3.11 **a** Hören Sie und lesen Sie mit. Konzentrieren Sie sich auf das *r* nach langem Vokal.

Urlaub im Janu**ar**

Nur mit d**ir**

Vormittags

Na**tur** und Kul**tur**

Was will man m**ehr**?

Abends v**ier** B**ier**

Ach, es **war** wunderb**ar**!

b Sprechen Sie jetzt allein.

Nach einem langen Vokal wird **r** vokalisiert.

Nach einem kurzen Vokal <u>kann</u> **r** vokalisiert werden:
● Wort. Sie entscheiden, wie Sie das **r** aussprechen.

Natua !

Natur

10 Spontaner Grillabend

▶ 3.12 **a** Hören Sie und wiederholen Sie.

1 warm   2 ● Garten   3 ● Sport   4 ● Durst   5 warten   6 ● Würstchen

▶ 3.13 **b** Karaoke: Hören Sie die Fragen und lesen Sie die Antworten laut.

1 ● ...
 ▲ Es ist warm. Dreißig Grad.

2 ● ...
 ▲ Im Garten.

3 ● ...
 ▲ Ich mache Sport.

4 ● ...
 ▲ Doch. Ich habe Durst.

5 ● ...
 ▲ Gern. Ich warte auf dich.

6 ● ...
 ▲ Wir grillen Würstchen.

11 Grammatische Formen

a Ergänzen Sie.

1 ● Tür   Plural: ● *Türen*

2 ● Haar   Plural: ● _____

3 ● Kellner   weibliche Form: ● _____

4 ● Ingenieur   weibliche Form: ● _____

5 er/sie fährt   Infinitiv: _____

6 er/sie hört   Infinitiv: _____

7 er/sie studiert   Infinitiv: _____

▶ 3.14 **b** Hören Sie und wiederholen Sie.

> Man spricht ein vokalisiertes **r** nach einem Vokal, konsonantisches **r** am Beginn einer Silbe: Tü**a** → Tü-**r**en

12 Im Schneckentempo

a Bereiten Sie den Text vor: Wo muss man das *r* sprechen? Markieren Sie.
Wo ist das *r* vokalisiert? Streichen Sie es durch und schreiben Sie *a* darüber.

Die Schneckenmutte̶r̶ geht einkaufen und f̶r̶agt ihr Schneckenkind:

„Soll ich dir etwas mitbringen?"

„Ja, einen Joghurt, bitte.

Zwei Wochen später kommt die

Schneckenmutter nach Hause und fragt:

„Erdbeere oder Kirsche?"

▶ 3.15 **b** Hören Sie und lesen Sie mit.

c Sprechen Sie jetzt allein.

C2 Die Konsonanten p, t, k – b, d, g

1 Richtig ausgesprochen?

▶ 3.16 Was sagt die Frau? Was meint sie? Hören Sie und kreuzen Sie an.

Die Frau sagt: ☐ Baguette   ☐ Paket
Die Frau meint: ☐ Baguette   ☐ Paket

> Man muss **p**, **t** und **k** mit viel Energie sprechen. Die Laute sind viel kräftiger als **b**, **d** und **g**. Sie werden meistens mit Aspiration gesprochen.
>
> Benutzen Sie eine Kerze, so wie im Video. ▶ 24 Bei **b** bewegt sich die Flamme ein bisschen. Mit **p** sollten Sie die Flamme ausblasen.
>
> Halten Sie ein Blatt Papier vor das Gesicht und sagen Sie **b**, **d** oder **g**, so wie im Video. ▶ 25 Das Papier bewegt sich nicht oder nur minimal. Sagen Sie dann **p**, **t** oder **k** mit viel Kraft und Aspiration. Das Papier sollte sich bewegen.

2 Im Rhythmus: Auf der Post

▶ 3.17 **a** Hören Sie und lesen Sie mit.

1 Ich schreibe einen Brief.
   Ich stecke ihn in einen Umschlag.
   Ich klebe eine Briefmarke drauf.
   Ich bringe ihn zum Briefkasten.

2 Ich packe das Paket.
   Ich schreibe die Adresse drauf.
   Ich bringe das Paket zur Post.
   Der Preis? Ganz schön teuer!

b Hören Sie noch einmal und sprechen Sie mit.

▶ 3.18 **c** Sprechen Sie jetzt allein.

3 Nur mit Paula

▶ 3.19 **a** Hören Sie und wiederholen Sie.

- Kino • Konzert • Park • Party • Café • Theater

▶ 3.20 **b** Karaoke: Hören Sie und lesen Sie die Antworten laut.

1 ● ...
  ▲ Tut mir leid, aber da gehe ich mit Paula ins Kino.
2 ● ...
  ▲ Tut mir leid, aber da gehe ich mit Paula ins Konzert.
3 ● ...
  ▲ Tut mir leid, aber da gehe ich mit Paula in den Park.
4 ● ...
  ▲ Tut mir leid, aber da gehe ich mit Paula auf eine Party.
5 ● ...
  ▲ Tut mir leid, aber da gehe ich mit Paula ins Café.
6 ● ...
  ▲ Tut mir leid, aber da gehe ich mit Paula ins Theater.

4 Besuch kommt!

a Was passt wo? Ordnen Sie zu.

~~wischen~~ • saugen • machen • putzen • aufräumen • decken • bügeln • backen

Besuch kommt!
Da muss ich so viel tun:
die Betten _____,
das Bad _____,
die Küche _____,
die Teppiche _____,
die Böden und die Treppe *wischen*,
meine Blusen _____,
einen Kuchen _____
und den Tisch _____.

▶ 3.21 **b** Hören Sie und wiederholen Sie.

5 Das kann ich super!

▶ 3.22 **a** Hören Sie und wiederholen Sie.

    1 Gemüse kochen   2 Tango tanzen   3 Tennis spielen   4 Klavier spielen

    5 Pizza backen   6 Polnisch sprechen

▶ 3.23 **b** Hören Sie die Fragen und antworten Sie mit den Ausdrücken aus **a**.
Hören Sie zuerst ein Beispiel.

    ● Kannst du kochen?

    ▲ Na klar! Ich kann super Gemüse kochen.

6 Adjektive

▶ 3.24 **a** Was hören Sie? Kreuzen Sie an.

1	t	d	2	k	g	3	p	b
a**lt**	☒	☐	**g**roß	☐	☐	**b**raun	☐	☐
dünn	☐	☐	**k**lein	☐	☐	hü**b**sch	☐	☐
blon**d**	☐	☐	mö**g**lich	☐	☐	gel**b**	☐	☐
mo**d**ern	☐	☐	di**ck**	☐	☐	sym**p**athisch	☐	☐

> Man spricht **b** als **p**, **d** als **t** und **g** als **k**:
> – am Wortende (gel**b**, blon**d**)
> – am Silbenende (mö**g**lich)
> – im Wort vor Konsonanten (hü**b**sch)

▶ 3.25 **b** Hören Sie und lesen Sie mit.

Ich bin dick, du bist dünn.

Ich bin klein, du bist groß.

Ich bin blond, deine Haare sind braun.

Meine Kleidung ist alt, deine ist modern.

Du bist hübsch und sympathisch.

Ich bin ... na ja ...

Wir sind Brüder – wie ist das möglich?

c Sprechen Sie jetzt allein.

7 Aufforderungen

a Schreiben Sie im Imperativ Singular.

1 schreiben _Schreib!_

2 fragen _____

3 zeigen _____

4 leben _____

5 steigen _____

6 bleiben _____

▶ 3.26 **b** Hören Sie und wiederholen Sie.

▶ 3.27 **c** Sätze sprechen: Hören Sie jetzt Sätze mit den Wörtern aus **a** und wiederholen Sie.

> Die Aussprache eines Wortes kann sich verändern: In **schreiben** ist **b** am Silbenanfang und weich. In **Schreib** ist **b** am Ende und wird als **p** gesprochen.

8 Wo gibt es das?

a Was passt wo? Ordnen Sie zu.

● B̶e̶t̶t̶ ● Bad ● Balkon ● Bäckerei ● Bank ● Garten ● Regal

Bäume im _____ ,

Blumen auf dem _____ ,

Bücher im _____

oder neben dem _Bett_,

eine Dusche im _____ ,

Brötchen in der _____

Geld auf der _____ .

▶ 3.28 **b** Hören Sie und sprechen Sie leise mit. Konzentrieren Sie sich auf das _b_ in den Wörtern.

> Ist Ihre Muttersprache Spanisch? Dann beachten Sie bitte: Bei **b** muss man die Lippen komplett schließen, **b** ist nicht wie **w**! Sehen Sie sich auch das Video an. ▶ 26

C3 Die Konsonanten s und z

1 Gesund essen

▶ 3.29 **a** Hören Sie und ordnen Sie zu.

ge**s**und e**ss**en **süß** • **S**alat • Ei**s** • Wur**st** • Gemü**s**e • Kä**s**e • Wa**ss**er
• **S**ahne • **S**aft • Anana**s** • Gla**s**

 weiches **s** mit Vibration: *gesund, süß,* _____
(stimmhaft) _____

 hartes **s** ohne Vibration: *essen, süß,* _____
(stimmlos) _____

b Hören Sie noch einmal und wiederholen Sie.

▶ 3.30 **c** Hören Sie und lesen Sie mit.

Gesund essen:
Morgens ein Glas Wasser,
täglich Gemüse und Salat,
selten Käse und Wurst.
Eis nur ohne Sahne,
lieber Ananas und Saft,
der ist süß genug.

d Sprechen Sie jetzt allein.

Am Wortanfang und am Silbenanfang spricht man **s** stimmhaft (• **S**alat, • Gemü**s**e).
Legen Sie die Hand an den Hals. Spüren Sie die Vibration?

In allen anderen Positionen ist **s** stimmlos (• Anana**s**). Sehen Sie sich das Video
an. ▶ 27

In Österreich, in der Schweiz und in manchen Regionen Deutschlands spricht man **s**
meistens stimmlos.

Beachten Sie die Orthografie bei einem stimmlosen **s**:
– **ss** nach kurzem Vokal (• Wa**ss**er)
– **ß** nach langem Vokal und *au, ei, eu/äu* (• Stra**ß**e)
In Wörtern mit nur einer Silbe kann nach einem langen
Vokal oder Diphthong **ß** oder **s** stehen (süß, • Eis).
In der Schweiz gibt es kein **ß**, man schreibt **ss**!

2 müssen

a Ordnen Sie zu und schreiben Sie Sätze mit *müssen*.

> leise sein • draußen bleiben • sehr langsam fahren • ~~ein bisschen warten~~ •
> das Handy ausmachen • zur Kasse gehen

1  Wir *müssen ein bisschen warten.*

2  Du _____

3  Ihr _____

4  Man _____

5  Hunde _____

6 (10) Hier _____ ich _____

▶ 3.31 **b** Hören Sie und wiederholen Sie.

> Markieren Sie den Buchstaben, den Sie trainieren
> wollen. Beim Üben konzentrieren Sie sich dann nur
> auf diesen Buchstaben.

3 Mit Emotion, bitte!

▶ 3.32 **a** Hören Sie und wiederholen Sie.

1 Na so was! 2 Interessant! 3 Super! 4 Klasse! 5 Also, ich weiß nicht.
6 Was du nicht sagst!

▶ 3.33 **b** Hören Sie und antworten Sie mit den Ausdrücken aus **a**. Hören Sie zuerst
ein Beispiel.

● Hast du das gewusst? Melonen sind gar kein Obst, sondern Gemüse.

▲ Na so was!

4 Samstagabend

a Ergänzen Sie *s*, *ss* oder *ß*.

Am 𝒮amstagabend ___itze ich auf dem ___ofa.

Ich ___ehe fern und e___e Chips.

Oder ich le___e ein intere___ante___ Buch

und trinke eine Ta___e Tee.

Ja, faul ___ein macht Spa___!

▶ 3.34 **b** Hören Sie und sprechen Sie leise mit.

5 Richtig ausgesprochen?

▶ 3.35 Was sagt die Frau? Was meint sie? Hören Sie und kreuzen Sie an.

Sie sagt: ☐ ☐

Verwechseln Sie nicht **s** und **z**! 👆

Sie meint: ☐ ☐

6 Wörter verbinden

▶ 3.36 Hören Sie und verbinden Sie die gehörten Wörter mit einer Linie.

Was sehen Sie?

• Mützen

• müssen

Zeit • • heißen

• seit • heizen

• putzen

So • • Post • Kurs

Zoo • • kurz

Sagen Sie „t-t-t", dann stimmloses „sssss", dann „tssss".
Bei **t** stößt die Zunge an die Zähne, diese
bilden eine Barriere und die Zunge geht zurück: „sssss".

Machen Sie bei **z** eine Geste: Ziehen Sie
imaginär etwas zu sich her.

Sehen Sie sich auch das Video an. ▶ 28

7 Zahnschmerzen

▶ 3.37 **a** Hören Sie und lesen Sie mit.

Zucker gegessen?

Pizza gegessen?

In Brezeln gebissen?

Dann putz doch die Zähne!

Trotzdem Zahnschmerzen?

Dann geh doch zum Zahnarzt.

Zack! Er zieht dir den Zahn.

b Hören Sie noch einmal und sprechen Sie mit.

> Am Wortanfang (● **Z**ucker), nach langen Vokalen (● Bre**z**el), nach
> Konsonanten (● Ar**z**t) und nach *au, ei, eu/äu* (● Hei**z**ung) schreibt man **z**.
> Nach kurzen Vokalen schreibt man **tz** (pu**tz**en).
> Ausnahme: ● Pi**zz**a, spa**z**ieren gehen

!

8 Im Rhythmus: Wörter mit *-tion*

▶ 3.38 **a** Hören Sie und ergänzen Sie die fehlenden Wörter.

die Dekoration, die *Operation*,

die Präsentation, die _____,

die Gratulation, die _____,

die Motivation, die _____

▶ 3.39 **b** Hören Sie noch einmal und sprechen Sie jedes zweite Wort.

> Wörter mit **-tion** spricht man mit **z** („zion"). Die letzte Silbe ist betont („on").
> Wörter mit **-tion** haben immer den Artikel *die*.

9 Unterwegs

▶ 3.40 **a** Hören Sie und wiederholen Sie.

du flie**gst**   ● Ta**x**i   se**chs**   unterwe**gs**   lin**ks**   du par**kst**   ● Arztpra**x**is

▶ 3.41 **b** Hören Sie und reagieren Sie. Hören Sie zuerst ein Beispiel.

● Ich fliege mit dem Flugzeug.

▲ Ah! Du fliegst mit dem Flugzeug.

> **ks, gs, chs** oder **x** spricht man „ks".

!

C4 Die Konsonanten sch, ch, h

1 Schokolade

a Ergänzen Sie *s*, *ss* oder *sch*.

● *S*ag mal, ha_____t du meine _____okolade ge_____ehen?

▲ Ja, aber _____ie war _____nell weg.

● Ha_____t du die ganze _____okolade gege_____en?

▲ Ich mu_____te _____ie e_____en, _____ie war _____on ganz braun.

▶ 3.42 **b** Hören Sie und kontrollieren Sie Ihre Lösung.

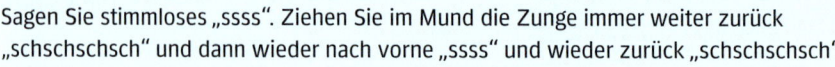

sch ist nicht wie **s**!

Machen Sie mit Daumen und Zeigefinger einen Kreis, wie ein **O**. Machen Sie Ihren Mund rund und stecken Sie die Lippen in den **O**-Kreis hinein.

Sagen Sie stimmloses „ssss". Ziehen Sie im Mund die Zunge immer weiter zurück „schschschsch" und dann wieder nach vorne „ssss" und wieder zurück „schschschsch".

Sehen Sie sich auch das Video an. ▶ 29

2 Mit Emotion, bitte!

▶ 3.43 **a** Hören Sie die Dialoge und lesen Sie mit.

1 ● Auf Kino habe ich keine Lust.

   ▲ **Sch**ade.

2 ● Die Lampe ist schön.

   ▲ Ja, nicht **sch**lecht.

3 ● He! Hier darf man nicht rauchen.

   ▲ Oh, Ent**sch**uldigung.

4 ● Ich habe 500 Euro verloren.

   ▲ Du Arme. Das ist wirklich **sch**limm.

5 ● Ich habe einen Job gefunden.

   ▲ Wie **sch**ön.

6 ● Ich komme erst in 30 Minuten.

   ▲ Ach, Men**sch**! Nie bist du pünktlich.

7 ● Ich finde meine Brille nicht.

   ▲ Komi**sch**. Sie ist doch auf deiner Nase.

8 ● Schau mal, mein neues Kleid.

   ▲ Wow! **Sch**ick!

▶ 3.44 **b** Hören Sie noch einmal und sprechen Sie den Mann.

3 Wo bist du?

a Ergänzen Sie *s* oder *sch*.

1 ● ...
  ▲ In der *Sch*ule.

2 ● ...
  ▲ Auf der _____traße.

3 ● ...
  ▲ Im _____wimmbad.

4 ● ...
  ▲ In der _____tadt.

5 ● ...
  ▲ Auf dem _____portplatz.

6 ● ...
  ▲ In _____panien.

7 ● ...
  ▲ Im Deut_____kurs.

8 ● ...
  ▲ In einem Ge_____äft.

▶ 3.45 **b** Karaoke: Hören Sie und lesen Sie die Antworten in **a** laut.

> Am Wortanfang und am Silbenanfang schreibt man **sp** und **st**, aber man spricht „schp" und „scht". Sehen Sie sich das Video an. ▶ 30 **!**

Schtift

Stift

4 Sprichst du ...?

▶ 3.46 Hören Sie und antworten Sie mit *Ja*. Hören Sie zuerst ein Beispiel.

● Sprichst du Deutsch?

▲ Ja! Ich spreche sogar sehr gut Deutsch.

5 Möbel

a Was passt wo? Ordnen Sie zu.

> ● Tisch ● ~~Schrank~~ ● Sofa ● Stühle ● Dusche ● Waschbecken
> ● Spiegel ● Sessel

1 Im Schlafzimmer stehen ein Bett und ein *Schrank*.

2 Im Bad sind eine Badewanne, ein _____ und eine _____.

3 Im Esszimmer sind ein _____ und _____.

4 Im Wohnzimmer sind zwei _____ und ein _____.

5 Im Flur hängt ein _____.

▶ 3.47 **b** Hören Sie und wiederholen Sie.

6 Zweimal *ch*

▶ 3.48 **a** Wie klingen die Wörter? Hören Sie und ordnen Sie zu.

ni**ch**t • Da**ch** • Wo**ch**e re**ch**ts brau**ch**en do**ch** • Mäd**ch**en zei**ch**nen

su**ch**en • Kü**ch**e

Wie in „ich": *nicht,* _____

Wie in „ach": *Dach,* _____

b Hören Sie noch einmal und wiederholen Sie.

Die Buchstaben **ch** stehen für zwei verschiedene Laute.   !

„ach-Laut"

Nach *a, o, u* und *au* spricht man **ch** wie in „Ach!" (• **Wo**che).

ch wie in „Ach!" spricht man im Rachen. Sagen Sie „k-k-k" und lassen Sie dann die Luft durch: „kchchh".

Schnarchen Sie wie im Video. ▶ 31

„ich-Laut"

Nach *e, i, ä, ö, ü* (re**ch**ts), nach *ei* (zei**ch**nen) und *eu/äu* und nach Konsonanten (• Mä**dch**en) spricht man **ch** wie in „Ich".

Für **ch** wie in „ich" sagen Sie „jjjj" wie in „Ja". Werden Sie leiser und leiser und nehmen Sie schließlich die Stimme komplett weg. Aus **j** wird **ch**.

Achtung:
ch darf nicht wie *sch* gesprochen werden!

7 Vorlieben

a Wer mag das? Wer mag das nicht? Zeichnen Sie ☺ und ☹.

1 • Ich mag Schokolade.   ☺   4 • Ich lese nicht gern.   _____

▲ Ich auch.   ☺   ▲ Ich schon.   _____

2 • Ich arbeite gern.   _____   5 • Ich liebe Kinder.   _____

▲ Ich nicht.   _____   ▲ Ich auch.   _____

3 • Ich trinke nicht gern Bier.   _____   6 • Fußball finde ich toll.   _____

▲ Ich auch nicht.   _____   ▲ Ich nicht.   _____

▶ 3.49 **b** Karaoke: Hören Sie und lesen Sie die Antworten in **a** laut.

8 Vorschläge

a Schreiben Sie Vorschläge mit *doch mal*.

1 *Besuch doch mal deine Tochter!* (deine Tochter besuchen)
2 _____ (einen Kuchen backen)
3 _____ (ein Buch lesen)
4 _____ (Sport machen)
5 _____ (ein Bild zeichnen)
6 _____ (eine neue Sprache lernen)

▶ 3.50 **b** Hören Sie und wiederholen Sie.

9 Zahlen

▶ 3.51 Hören Sie und wiederholen Sie.

zwan**zig**   drei**ßig**   vier**zig**   fünf**zig**   sech**zig**   sieb**zig**   acht**zig**   neun**zig**

> **-ig** spricht man am Wortende wie „-ich". In Süddeutschland, Österreich und in der Schweiz spricht man „-ig".

10 Labyrinth

a Verbinden Sie alle Wörter mit *ch* wie in „ich". Beginnen Sie in der Mitte bei *Licht*. Wo kommen Sie an?

Dachau	rauchen	leicht	• Brötchen	möchten	auch	München
• Sprache	• Köchin	schlecht	• Buch	euch	höflich	richtig
lachen	dich	• Koch	• Licht	• Nacht	• Kuchen	hoch
noch	sprechen	• Küche	• Milch	machen	• Tochter	acht
Aachen	• Hochzeit	• Chef	besuchen	• Mittwoch	• Bauch	Bochum

▶ 3.52 **b** Hören Sie und wiederholen Sie.

> In Wörtern, die nicht aus dem Deutschen kommen, wird **ch** als „sch", „k" oder „ch" („ich") artikuliert (• **Ch**ef, • **Ch**arakter, **Ch**ina).

11 Richtig ausgesprochen?

▶ 3.53 Was sagt die Frau? Was meint sie? Hören Sie und kreuzen Sie an.

| Die Frau sagt: | ☐ ein Ei | ☐ ein Hai |
| Die Frau meint: | ☐ ein Ei | ☐ ein Hai |

12 Mit oder ohne *h*?

▶ 3.54 **a** In welchem Wort hören Sie *h*? Kreuzen Sie an.

	1	2	3	4	5	6
1. Wort	☐	☐	☐	☐	☐	☐
2. Wort	☒	☐	☐	☐	☐	☐

b Hören Sie noch einmal und wiederholen Sie.

Man muss Wörter nicht immer sehen! Schließen Sie die Augen und konzentrieren Sie sich aufs Hören. Wiederholen Sie, was Sie hören.

Am Wortanfang und am Silbenanfang muss man **h** sprechen (● **Hai**).
Lachen Sie: haha, hehe, hihi, hoho, huhu
Halten Sie beide Hände vors Gesicht und hauchen Sie in die Hände. ▷ 32
Machen Sie bei **h** die Geste wie im Video. ▷ 33

Das **h** kann eine orthografische Funktion haben: Es macht den Vokal vor dem **h** lang. Man spricht das **h** dann nicht. Nach dem **h** stehen die Konsonanten *l, m, n, r* (● St**uh**l) oder das Wort ist zu Ende (● Sch**uh**).

13 Das stumme *h*

a Muss man *h* sprechen oder nicht? Ordnen Sie zu.

- Stu**h**l • **H**aare • **H**als • U**h**r **h**aben wo**h**nen **h**eißen angene**h**m
- Sc**h**u**h** zu**h**ören

Man muss das *h* sprechen: *Haare,* _____

Man spricht das *h* nicht: *Stuhl,* _____

▶ 3.55 **b** Hören Sie und wiederholen Sie.

14 Am Telefon

a Markieren Sie mit drei Farben alle *ch* („ich" und „ach") und gesprochenen *h*.

- Ja, (h)allo?
- ▲ Guten Tag. Hier spricht Lechner. Ich bin die Lehrerin von Michael.
  Ich möchte bitte seine Mutter sprechen.
- Die ist nicht da.
- ▲ Kann ich eine Nachricht hinterlassen?
- Ja, natürlich. Was soll ich sagen?
- ▲ Sie soll bitte mit Michael in die Schule kommen. Zu einem Elterngespräch.
  Am Mittwoch um sechzehn Uhr.
- Ich mache besser eine Notiz. Ich brauche aber einen Stift. Moment, ich hole einen.
- ▲ Machen Sie das. Ich warte so lange. ...
- ... Hier bin ich wieder.
- ▲ Also, Mittwoch, sechzehn Uhr. Termin bei Frau Lechner in der Schule.
  Zimmer einhundertacht.
- Hach! Der Stift schreibt nicht.
- ▲ Vielleicht können Sie einen anderen Stift holen?
- Das glaube ich nicht. Wissen Sie, ich sehe sehr schlecht.
- ▲ Gut. Aber Sie können den Termin sicher im Kopf behalten. Es ist ganz leicht ...
- Ganz leicht! Na, Sie haben Humor, junge Frau. Ich bin achtundachtzig!

▶ 3.56 **b** Hören Sie das Telefongespräch zwischen der Lehrerin und dem Großvater und lesen Sie mit.

▶ 3.57 **c** Hören Sie noch einmal und sprechen Sie die Lehrerin.

C

C5 Die Konsonanten f, v, w

1 Suchrätsel

a Finden Sie noch 5 Wörter mit *f* und 3 Wörter mit *w*.

Der Buchstabe muss nicht am Wortanfang sein!

J	A	M	I	C	H	W	U	R
F	R	Ü	H	S	T	Ü	C	K
A	N	S	E	L	L	R	H	A
K	A	F	F	E	E	S	O	R
O	F	R	W	I	S	T	X	T
E	L	Ö	E	R	S	C	H	O
N	E	F	I	S	C	H	S	F
E	I	L	N	A	U	E	R	F
P	S	Ü	M	P	E	N	Ä	E
B	C	W	A	S	S	E	R	L
A	H	A	S	A	F	T	Z	N

Frühstück _____

_____

_____

_____

_____

_____

_____

_____

▶ 3.58 **b** Hören Sie und wiederholen Sie.

▶ 3.59 **c** Hören Sie und ergänzen Sie.

Zum *Frühstück* frischen Orangen_____,

_____ und ein Brötchen.

Am Mittag _____ oder _____

mit _____ und Gemüse.

Am Abend _____

mit _____, _____ oder Bier.

d Lesen und sprechen Sie den Text.

> Legen Sie die untere Lippe an die oberen Zähne. Atmen Sie mit Kraft aus und sagen Sie sehr lange „ffff". Machen Sie dabei die Geste wie im Video. ▶ 34
>
> Legen Sie die untere Lippe wieder an die oberen Zähne. Atmen Sie nun vorsichtig aus und sagen Sie „wwww". Legen Sie dabei die Hand um den Hals und spüren Sie die Vibration. Oder machen Sie die Geste wie im Video. ▶ 35

2 Am Sonntag

▶ 3.60 Hören Sie die Frage und antworten Sie. Hören Sie zuerst ein Beispiel.

1 lange schla**f**en
2 lange **f**rühstücken
3 au**f**räumen

4 **F**ußball spielen
5 **f**ernsehen
6 tele**f**onieren

7 **F**reunde tre**ff**en
8 **F**ahrrad **f**ahren
9 die **F**enster putzen

● Was machst du am Sonntag?
▲ Ich schla**f**e lange.

3 Wetter

▶ 3.61 Hören Sie die Frage und antworten Sie. Hören Sie zuerst ein Beispiel.

1 **w**arm   2 **w**indig   3 **w**olkig   4 **w**interlich   5 ge**w**ittrig

● Wie wird das Wetter?
▲ Es wird **w**arm.

Das deutsche **w** spricht man <u>nicht</u> wie das englische **w**, sondern wie das englische **v** (**v**ery)!

4 Karaoke: Wo ist …?

▶ 3.62 Hören Sie die Fragen und lesen Sie die Antworten laut.

1 ● …
  ▲ An der Wand.

2 ● …
  ▲ Auf dem Sofa.

3 ● …
  ▲ Am Fenster.

4 ● …
  ▲ Im Flur.

5 ● …
  ▲ In der Waschmaschine.

6 ● …
  ▲ Im Wohnzimmer.

7 ● …
  ▲ Im Wasser.

8 ● …
  ▲ Am Finger.

9 ● …
  ▲ Im Wald.

10 ● …
  ▲ Im Koffer.

5 Passende Paare

a Was passt zusammen? Verbinden Sie.

1 das **Pf**und	a • **Pf**anne
2 • Salz und	b • Strüm**pf**e
3 • Husten und	c • Ä**pf**el
4 • Wasser im	d • **Pf**effer
5 • Fleisch in der	e • To**pf**
6 • Socken und	f • Ko**pf**
7 der Hut auf dem	g • Schnu**pf**en

▶ 3.63 **b** Hören Sie und wiederholen Sie.

> Für **pf** braucht man viel Kraft. Üben Sie zuerst nur **p**: „p-p-p-p". Sagen Sie: „Stopp" und „Hopp". Stoppen Sie bei **p**, öffnen Sie die Lippen langsam und kontrolliert zum **f** und machen Sie dabei eine Handbewegung nach vorne. Sehen Sie sich auch das Video an. ▶ 36

6 Deutsch oder international?

▶ 3.64 **a** Hören Sie und wiederholen Sie.

• **V**ideo • **V**ogel • **V**ormittag • **V**ase • Pullo**v**er • **V**erb • Uni**v**ersität
vielleicht **v**iel **v**erboten

> Der Buchstabe **v** kann als **f** oder als **w** gesprochen werden. Man spricht das **v** wie ein **f** in germanischen („deutschen") Wörtern (**v**ielleicht) und wie ein **w** in internationalen Wörtern (• **V**erb).
> Ausnahme: Die Endung **-iv** spricht man am Wortende mit **f** (• Akkusat**iv**, • Dat**iv**, posit**iv**, negat**iv** ...).

b Ordnen Sie die Wörter aus **a** zu.

Deutsche Wörter: *Vogel,* _____

Internationale Wörter (= aus dem Englischen oder aus einer anderen europäischen
Sprache): *Video,* _____

7 Antrag auf ein Visum

▶ 3.65 **a** Hören Sie und wiederholen Sie.

- November   verheiratet   privat   weiblich   • Visum   • Vorname   verwitwet
- Verkäuferin   • Wohnort

b Ordnen Sie die Wörter aus **a** zu.

Antragsformular für ein *Visum*

Familienname:	Brown
_____ :	Victoria
Geburtsdatum:	11. _____ 1995
Geschlecht:	☐ männlich ☒ _____
Familienstand:	☐ ledig ☒ _____ ☐ getrennt
	☐ geschieden ☐ _____
Straße/Hausnummer:	Beach Road 111
PLZ/_____ :	23450 Virginia Beach (VA)
Telefonnummer:	001 757 4444
Beruf:	_____
Grund der Reise:	☒ _____ ☐ geschäftlich

---

8 Mit Emotion, bitte!

▶ 3.66 **a** Hören Sie und wiederholen Sie.

Eine Frage, bitte. Was bedeutet „wunderbar"? Das Wort verstehe ich nicht.

Noch einmal, bitte. Ich verstehe das Formular nicht. Können Sie mir vielleicht helfen?

▶ 3.67 **b** Karaoke: Hören Sie und lesen Sie die Reaktionen laut.

1 ● ...

  ▲ Ja. Eine Frage, bitte: Was bedeutet „wunderbar"?

2 ● ...

  ▲ Entschuldigung, aber das Wort verstehe ich nicht.

3 ● ...

  ▲ Noch einmal, bitte.

4 ● ...

  ▲ Ich verstehe das Formular nicht. Können Sie mir vielleicht helfen?

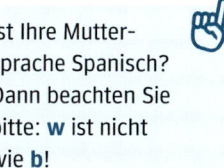

Ist Ihre Muttersprache Spanisch? Dann beachten Sie bitte: **w** ist nicht wie **b**!

C6 Der Konsonant l

1 Im Gegenteil!

a Wie heißt das Gegenteil? Ordnen Sie zu.

hell • klein • lang • ~~langsam~~ • langweilig • leicht • leise • links • lustig

Schnell? Nein, *langsam*

Laut? Nein, _____   Traurig? Nein, _____

Dunkel? Nein, _____   Groß? Nein, _____

Kurz? Nein, _____   Schwierig? Nein, _____

Interessant? Nein, _____   Rechts? Nein, _____

▶ 3.68 b Hören Sie und lesen Sie mit.

▶ 3.69 c Hören Sie noch einmal die Fragen und antworten Sie.

Das deutsche **l** ist nicht wie das englische **l**!
Die Zunge rollt nicht zurück zum Gaumen,
sondern sie drückt gegen die oberen
Schneidezähne.

Sehen Sie sich auch das Video an. ▶ 37

2 Was willst du?

a Ergänzen Sie *wollen* in der richtigen Form.

1 ● *Willst* du mit mir Fußball spielen?

▲ Fußball spielen? Keine Lust.

2 ● _____ wir joggen gehen?

▲ Ach nein. Ich _____ lieber lesen.

3 ● _____ ihr in der Stadt leben?

▲ Nein. Wir _____ auf dem Land leben.

4 ● _____ Sie viel Geld verdienen?

▲ Na klar! Alle Leute _____ viel Geld verdienen.

5 ● Was _____ du später einmal werden?

▲ Ich _____ Model werden.

6 ● Was _____ wir am Wochenende machen?

▲ Immer _____ ihr etwas machen! Ich _____ zu Hause bleiben.

▶ 3.70 b Hören Sie die Fragen und antworten Sie.

3 Verben-Suchrätsel

a Finden Sie noch 8 Verben.

L	I	E	G	E	N	W	U	R
E	R	Ü	H	S	T	M	C	E
S	P	I	E	L	E	N	H	I
E	A	T	F	E	E	A	O	S
N	F	R	W	R	S	E	X	E
E	L	I	E	N	S	N	M	N
N	E	N	I	E	C	H	A	F
E	I	K	N	N	U	E	L	F
P	S	E	F	A	H	R	E	N
B	C	N	A	S	S	E	N	L
S	C	H	R	E	I	B	E	N

reisen

_____

_____

_____

_____

_____

_____

_____

_____

b Ergänzen Sie die Verben aus **a**.

Ich will Bilder _____, Lieder singen, eine neue Sprache

_____ und Klavier_____ können.

Ich will Bücher nicht nur _____, ich will Autor werden und Bücher

selbst _____.

Ich will *reisen* und die Welt sehen: in der Karibik am Strand _____,

mit der Transsibirischen Eisenbahn durch Russland _____ und in Rom

ein Glas Wein _____.

▶ 3.71 **c** Hören Sie und kontrollieren Sie Ihre Lösung.

d Lesen und sprechen Sie den Text.

Bitte verwechseln Sie nicht **r** und **l**! Sie sind nicht gleich. Tipp: Sprechen Sie das **r** im Hals → Kapitel C1. Das **l** spricht man vorne mit der Zungenspitze an den Zähnen.

C7 Die Konsonanten ng und nk

1 *ng* erkennen

▶ 3.72 **a** Was hören Sie? Kreuzen Sie an.

	1	2	3	4	5	6	7	8	9	10
n	☐	☐	☐	☐	☐	☐	☐	☐	☐	☐
g	☐	☐	☐	☐	☐	☐	☐	☐	☐	☐
ng	☒	☐	☐	☐	☐	☐	☐	☐	☐	☐

b Hören Sie noch einmal und wiederholen Sie.

> **ng** – das sind zwei Buchstaben, aber ein Laut.
> Sprechen Sie **n** und **g** nicht getrennt!
>
> Fin-ger   Finger
>
> Bei **n** und **ng** muss die Luft zur Nase raus.
> Regel: Bei **n** macht die Zunge <u>vorne</u> zu, bei **ng** macht die Zunge <u>hinten</u> zu. Das heißt:
> Die Zunge verschließt den Weg für die Luft aus dem Mund. Sprechen Sie „nnnn" und
> legen Sie dabei den Finger auf die Zunge. Es wird **ng**.
>
> Sehen Sie sich auch das Video an. ▶ 38
>
> Sprechen Sie Englisch? Im Englischen existiert **ng** auch: to si**ng**. Deutsch: si**ng**en.

2 Deutsche Städte

▶ 3.73 **a** Hören Sie und wiederholen Sie.

1 Götti**ng**en 2 Freisi**ng** 3 Erla**ng**en 4 Reckli**ng**hausen 5 Wa**ng**en im Allgäu

6 Kühlu**ng**sborn 7 Bad Kissi**ng**en 8 Büdi**ng**en

▶ 3.74 **b** Hören Sie die Frage und antworten Sie. Hören Sie zuerst ein Beispiel.

● Warst du schon einmal in Göttingen?

▲ Nein. In Göttingen war ich noch nie.

3 Kleine Gespräche

a Ergänzen Sie *n/nn, g* oder *ng*.

1 ● Ich habe Hu*ng*er. Bri____st du mir etwas vom Bäcker mit?

  ▲ In Ordnu____, mache ich.

2 ● Die Heizu____ geht nicht. Wie la____e brauchen Sie für die Reparatur?

  ▲ Ich ka____ erst nächsten Die____stag kommen.

  ● Aber es ist dri____end! Es ist kalt.

3 ● Entschuldigu____. Kö____en Sie mir sa____en, wa____ das

Fußballtrai____ing begi____t?

▲ Tut mir leid. Ich habe keine Ahnu____.

4 ● Mein Liebli____sfilm ist „Der kalte Finger".

▲ Wirklich? Den Film ke____e ich nicht.

▶ 3.75 **b** Hören Sie und kontrollieren Sie Ihre Lösung.

c Lesen und sprechen Sie die Dialoge.

4 *ng* oder *nk*?

▶ 3.76 **a** Was hören Sie? Kreuzen Sie an.

	1	2	3	4	5	6
ng	☐	☐	☐	☐	☐	☐
nk	☐	☐	☐	☐	☐	☐

b Hören Sie noch einmal und wiederholen Sie. Wörter mit **nk** spricht man „ngk". ☝

5 Mit Emotion, bitte!

▶ 3.77 Hören Sie und wiederholen Sie.

1 Tee tri**nk**en!

Ach, wie la**ng**weilig!

2 Oh! Ein Gesche**nk**!

Da**nk**e sehr!

3 Du bist kra**nk**? Oje!

Gute Besseru**ng**.

4 Oh! Schon du**nk**el!

Ich habe A**ng**st.

6 Super Angebote

▶ 3.78 **a** Hören Sie und wiederholen Sie.

1 ● Schrank   2 ● Wohnung   3 ● Ring   4 ● Zeitung   5 ● Schinken   6 ● Geschenk

▶ 3.79 **b** Hören Sie und antworten Sie mit den Wörtern aus **a**. Hören Sie zuerst ein Beispiel.

● Hier: ein super Angebot. Ein Schrank, sehr günstig.

▲ Vielen Dank, aber ich brauche keinen Schrank.

Wenn **n** und **g** oder **n** und **k** zu verschiedenen Silben gehören, spricht man **n** + **g** bzw. **n** + **k**.   **A**n**ge**bot   a**nkreu**zen ☝

An-gebot   **an**-kreuzen

C8 Der Konsonant j

1 Richtig ausgesprochen?

▶ 3.80   Was ist richtig? Hören Sie und kreuzen Sie an.

☐ Die Jacke passt nicht.
☐ Die Frau hat eine Freundin: Jackie.

2 Dreimal *j*

▶ 3.81 **a** Hören Sie und ordnen Sie zu.

- • Jahr • Job • Journalist • Jeans • Januar
- • Joghurt   joggen   jonglieren • Junge

j (deutsch):   *Jahr,*_____
j (englisch):   _____
j (französisch):   _____

>
> Der Buchstabe **j** wird unterschiedlich artikuliert. Man spricht **j** in Wörtern aus dem Französischen "sch" und in Wörtern aus dem Englischen "dsch".
>
> Achtung: Manche sprechen das französische Wort „Journalist" heute englisch aus.

b Hören Sie noch einmal und wiederholen Sie.

3 Karaoke: Ja

▶ 3.82   Hören Sie die Fragen und lesen Sie die Antworten laut.

1 ● ...
  ▲ Ja, gern.

2 ● ...
  ▲ Ja, bitte.

3 ● ...
  ▲ Ja, klar.

4 ● ...
  ▲ Aber ja.

5 ● ...
  ▲ Na ja, geht so.

6 ● ...
  ▲ Ja, ja. Gleich.

7 ● ...
  ▲ Ja, auf jeden Fall.

8 ● ...
  ▲ Ja, aber nicht jetzt.

Lösungen und Hörtexte

A1

1 ● Wir brauchen Meerwasser.

Der Mann sagt: Meerwasser
Der Mann meint: mehr Wasser

2 a Fieber gesund Schmerzen
Rückenschmerzen Apotheke
Medikament Rezept
Termin vereinbaren Ärztin
Wartezimmer Krankheit
informieren Schnupfen
erkältet Allergie besuchen
Tablette Schmerztablette
anrufen

b 1. Silbe: Fieber, Schmerzen, Rücken-
schmerzen, Ärztin, Wartezimmer,
Krankheit, Schnupfen, Schmerztablette,
anrufen
2. Silbe: gesund, Rezept, Termin, verein-
baren, erkältet, besuchen, Tablette
3. oder 4. Silbe: Apotheke, Medikament,
informieren, Allergie

3 a Kamera Regenjacke
Pullover Getränk
Schokolade

b 5 Handy   6 Regenjacke
2 Pullover   4 Getränk
3 Schokolade

4 a arbeiten Arbeiter Arbeiterin
Mitarbeiter Arbeitsplatz
Büroarbeit Teamarbeit
bearbeiten

5 a 2 d   3 a   4 e   5 b

b 1 Dezember – November
2 Januar – Februar
3 August – April
4 September – Oktober
5 Juni – Juli

6 a willkommen Appetit
Erfolg Besserung
Gesundheit Wochenende
Reise

b 1 ● Guten Morgen.
▲ Guten Morgen.

2 ● Guten Tag, Müller mein Name, ich
habe ein Zimmer reserviert.
▲ Herzlich willkommen.

3 ● Hm, das Essen sieht gut aus.
▲ Guten Appetit.

4 ● Morgen habe ich ein wichtiges
Fußballspiel.
▲ Viel Erfolg!

5 ● Ich bin erkältet.
▲ Gute Besserung.

6 ● Hatschi.
▲ Gesundheit!

7 ● Endlich Freitag, endlich zwei Tage
frei.
▲ Schönes Wochenende.

8 ● Ich fahre morgen in die Schweiz.
▲ Gute Reise.

7 d Ich steige ein.   Ich setze mich hin.
Der Zug fährt ab.   Ich stehe auf.   Ich
steige aus.   Ich steige um.   Ich komme
an.   Ich rufe an.   Er holt mich ab.

8 a Moment!   Hallo?   Sofort!   Endlich!

A2

1 a/b … Ich habe nächste Woche Geburtstag
und möchte dich zu meiner Party
einladen. Die Party ist am Samstag und
beginnt um acht. Hast du Zeit? Bitte gib
bis Mittwoch Bescheid, ob du kommst.
Viele Grüße Tanja

2 a 1 zur Arbeit   Ich fahre mit dem Fahrrad.
Ich fahre zur Arbeit.   Ich fahre mit
dem Fahrrad zur Arbeit.   Ich fahre mit
dem Fahrrad zur Arbeit.
2 mit dem Bus   nach Bielefeld
Wir fahren mit dem Bus.   Wir fahren
nach Bielefeld.   Wir fahren mit dem
Bus nach Bielefeld.   Wir fahren mit
dem Bus nach Bielefeld.

3 2 ● Was machst du gern?
  ▲ Ich koche gern.

3 ● Was machst du gern?
  ▲ Ich schwimme gern.

4 ● Was machst du gern?
  ▲ Ich male gern.

5 ● Was machst du gern?
  ▲ Ich lese gern.

4 b 2 ● Du gehst aber oft tanzen!
  ▲ Das macht total viel Spaß!

3 ● Ich komme heute schon um sechs nach Hause.
  ▲ Das ist super!

4 ● Du, ich habe den Job bekommen!
  ▲ Das ist wirklich super!

5 ● Warte, ich helfe dir!
  ▲ Das ist nett!

6 ● Ich habe dein Zimmer aufgeräumt.
  ▲ Das ist echt nett!

7 ● Wie findest du die Musik?
  ▲ Die Musik ist cool.

8 ● Und wie gefällt dir diese Musik?
  ▲ Die Musik ist voll cool.

5 ● Hallo. Ich bin Mike.
  ▲ Hallo, Mike. Schön, dich kennen-zulernen. Woher kommst du? / Woher kommst du?
  ● Aus Hamburg.
  ▲ Und was machst du hier? / Und was machst du hier?
  ● Ich studiere.
  ▲ Aha. Wie alt bist du? / Wie alt bist du?
  ● Ähm, ... 35 ... warum?
  ▲ Bist du verheiratet? / Bist du verhei-ratet?
  ● Also, das ist jetzt doch ziemlich privat!

2 a 3 a 4 b

6 a 2
2 Pe eF E eF eF E eR.   1 Mit drei eF.

3
1 In der Alten Pinakothek in München.
2 In einem Museum.

4
2 Ich? Ich bin auch Verkäuferin.
1 Ich bin Verkäuferin. Im Museums-Shop.

b 1 ● Wie **heiß**en Sie?
  ▲ Mein Name ist Samantha Pfeffer.
  ● **Wie** heißen Sie?
  ▲ Pfef-fer! Samantha Pfeffer.

2 ● Wie **schreibt** man das?
  ▲ Mit zwei eF. Nein, mit drei.
  ● **Wie** schreibt man das?
  ▲ Pe eF E eF eF E eR.

3 ● Wo **ar**beiten Sie?
  ▲ In der Alten Pinakothek in München.
  ▲ **Wo** arbeiten Sie?
  ● In einem Museum.

4 ● Aha. Und was sind Sie von Be**ruf**?
  ▲ Ich bin Verkäuferin. Im Museums-Shop.
  ● Aha. Und was sind **Sie** von Beruf?
  ■ Ich? Ich bin auch Verkäuferin.

7 a ● Guten Abend. Wie geht es uns denn heute?
  ▲ Mir geht es gut. Aber wie es Ihnen geht, das weiß ich nicht.
  ● Wir nehmen jetzt noch unsere Tabletten.
  ▲ Warum nehmen wir denn unsere Tabletten?
  ● Wir wollen doch gut schlafen.
  ▲ Ist das erlaubt?
  ● Warum soll das nicht erlaubt sein?
  ▲ Sie dürfen doch bei der Arbeit nicht schlafen.
  ● Ich schlafe ja nicht.
  ▲ Aber Sie wollen doch auch eine Schlaftablette nehmen. Das haben Sie gesagt.
  ● Das haben Sie falsch verstanden. Sie nehmen eine Tablette. Und Sie schlafen dann.

▲ Warum sagen Sie das denn nicht gleich?
● Das habe ich doch gesagt. Also, wir nehmen jetzt die Tablette. Und dann machen wir das Licht aus.
▲ Ach! Können Sie das Licht nicht allein ausmachen?
● Doch, natürlich. Sagen Sie: Haben Sie Fieber?
▲ Ich nicht. Aber bei Ihnen stimmt etwas nicht. Zuerst wollen Sie eine Tablette nehmen. Dann keine. Dann wollen Sie meine Hilfe. Dann wieder nicht. Wer soll das verstehen?

8 a ▲ Drei **Ho**sen, | fünf **T**-Shirts, | einen Pullover, | meine **Lieb**lingsjacke | und **Schu**he natürlich. |
■ Einen warmen **Man**tel, | **Stie**fel | und eine **Mü**tze. |
Ein **Kleid**, | zwei **Rö**cke | und drei **Blu**sen. |
Ich nehme mein **Han**dy mit | und natürlich auch ein **La**dekabel. |

9 a/b Ich dusche | und ziehe mich an. | Dann frühstücke ich. | Um Viertel vor acht | gehe ich aus dem Haus. | Ich fahre mit der U-Bahn zur Arbeit. | Den ganzen Tag | sitze ich in meinem Büro | und arbeite: | Ich telefoniere, | schreibe E-Mails | und arbeite an meinen Projekten. | Am Mittag mache ich eine kleine Pause. | Um halb sechs | fahre ich nach Hause. | Ich bin sehr müde. | Ich koche schnell etwas. | Dann sehe ich noch ein bisschen fern | und gehe früh ins Bett. |

10 a/b Am Morgen | esse ich nicht, | sondern denke an dich. |
Am Vormittag | esse ich nicht, | sondern denke an dich. |
Am Mittag | esse ich nicht, | sondern denke an dich. |
Am Nachmittag | esse ich nicht, | sondern denke an dich. |
Am Abend | esse ich nicht, | sondern denke an dich. |
In der Nacht | schlafe ich nicht, | sondern esse für drei! |

1 1 ● Ich mache jetzt Mittagspause. Kommen Sie mit?
2 ● Ich mache jetzt Mittagspause. Kommen Sie mit!

1 Kommen Sie mit?
2 Kommen Sie mit!

2 a 2 Einverstanden.   Einverstanden?
3 Alles klar?   Alles klar.
4 In Ordnung.   In Ordnung?
5 Ja, bitte.   Ja, bitte?
6 Sicher?   Sicher.

3 a 2 **Macht** nichts. ↓   3 Schon **gut**. ↓
4 Ist nicht so **schlimm**. ↓
5 Was **soll** das? ↓   6 Pass doch **auf**! ↓
7 Kannst du nicht **auf**passen? ↑
8 Hast du To**ma**ten auf den Augen? ↑

4 a 2 ● Zur **U**ni, bitte.
▲ Zur **U**ni?
● Ja, zur **U**ni.

3 ● Nach **Frank**furt, bitte.
▲ Nach **Frank**furt?
● Ja, nach **Frank**furt.

4 ● Zum **Schwimm**bad, bitte.
▲ Zum **Schwimm**bad?
● Ja, zum **Schwimm**bad.

5 a/b ● Wie ist Ihr Name? ↓
▲ Ich heiße Anton Philipp. ↓
● Und wie ist der Familienname? ↑
▲ Philipp. ↓
● Ist das nicht ein Vorname? ↑
▲ Doch. ↓ Aber es ist auch ein Familienname. ↓
● Ach so. ↓

6 1 Meine Telefonnummer ist 0-8-9-2-3-8 …
2 Meine Telefonnummer ist 20-43-80
3 Meine Telefonnummer ist 0-1-5-1-2-0-0-1-7-1-8
4 Meine Telefonnummer ist 0-6-9-33-28-19 …

5 Meine Telefonnummer ist
0-1-7-8-11-13 ...
6 Meine Telefonnummer ist 93 55 73 12

a 2 komplett   3 komplett   4 nicht komplett
5 nicht komplett   6 komplett

7 a 1 ... braucht man drei **Ei**er, → **Salz**, →
Pfeffer → und **But**ter. ↓
2 Für einen **Ap**felkuchen → braucht man
drei bis vier **Äp**fel, → zwei **Ei**er, → 200
Gramm **Zu**cker, → 125 Gramm **But**ter →
und 200 Gramm **Mehl**. ↓
3 Kochst du Marmelade mit **Früch**ten →
oder mit **Saft**? ↓
4 Möchtest du Käse und To**ma**ten auf die
Pizza? ↑
5 In meine Suppe kommt Ge**mü**se, →
manchmal auch **Hüh**nchen →
oder **Nu**deln. ↓

8 ● Was machst du am Wochenende? | ↓
▲ Nichts Besonderes. | ↓ Ich kaufe ein, |
→ putze die Wohnung | → und surfe ein
bisschen im Internet. | ↓
● Wollen wir zusammen grillen? | ↑
Ich glaube, | → das Wetter wird
schön. | ↓
▲ Gute Idee. | ↓ Am Samstag | → oder
am Sonntag? | ↓
● Am Samstag. | ↓
▲ Und wo grillen wir? | ↑
● Wir können am See grillen | → und ein
bisschen schwimmen. | ↓
▲ Einverstanden. | ↓ Ich kaufe die
Getränke | → und du bringst das Fleisch
mit. | ↓ Okay? | ↑
● Alles klar. | ↓ Dann bis Samstag. | ↓

9 a/b Entschuldigung, | → können Sie mir bitte
helfen? | ↑ Ich suche den Bahnhof. | ↓
Wie komme ich dorthin? | ↓

B1

1 ● Die Wohnung kostet 700 Euro inklusive
Nebenkosten. Und die Garage ist auch
schon in der Mitte enthalten.

Sie sagt: Mitte
Sie meint: Miete

2 a 1 Tee   2 Brot   3 Salz   4 Milch   5 Käse
6 Wurst   7 Obst   8 Reis   9 Saft
10 Bier

2 lang   3 kurz   4 kurz   5 lang   6 kurz
7 lang   8 lang   9 kurz   10 lang

c 2 ● Isst du ein Brötchen?
▲ Nein, Brot.
3 ● Brauchst du Zucker?
▲ Nein, Salz.
4 ● Sahne für den Kaffee?
▲ Nein, Milch.
5 ● Möchtest du Wurst?
▲ Nein, Käse.
6 ● Ist das Fleisch?
▲ Nein, Wurst.
7 ● Ist das Gemüse?
▲ Nein, Obst.
8 ● Isst du Nudeln?
▲ Nein, Reis.
9 ● Willst du Wasser?
▲ Nein, Saft.
10 ● Trinkst du Cola?
▲ Nein, Bier.

4 a Kilo   Dose   Glas

b 1 ● Guten Tag. Was darf´s sein?
▲ Hundert Gramm Käse.
2 ● Was brauchen wir?
▲ Einen Liter Milch.
3 ● Was möchtest du: eine Tasse Kaffee
oder ein Glas Tee?
▲ Ein Glas Tee.
4 ● Hm ... ich nehme einen Hamburger,
und was nimmst du?
▲ Eine Wurst.
5 ● Eier, Butter, Zucker – was brauchen
wir noch?
▲ Eine Packung Salz.
6 ● Ich habe Hunger. Was haben wir?
▲ Ein Stück Brot.
7 ● Haben wir noch frisches Obst?
▲ Nein. Nur Obst in der Dose.
8 ● Ich habe Durst.
▲ Hier: eine Flasche Wasser.

5 a 2 Aachen   3 Cottbus   4 Siegen
5 Mühlheim   6 Osnabrück
7 Ditzingen   8 Straßburg

b lang: Aachen, Siegen, Mühlheim, Straßburg
kurz: Cottbus, Osnabrück, Ditzingen

c 2 ● Wo wohnst du?
   ▲ In Aachen.
3 ● Wo wohnst du?
   ▲ In Cottbus.
4 ● Wo wohnst du?
   ▲ In Siegen.
5 ● Wo wohnst du?
   ▲ In Mühlheim.
6 ● Wo wohnst du?
   ▲ In Osnabrück.
7 ● Wo wohnst du?
   ▲ In Ditzingen.
8 ● Wo wohnst du?
   ▲ In Straßburg.

6 a Kartoffeln, Butter, essen, Essig, essen,
   Pommes, Kaffee, Zucker, Wasser

7 a/b Lam-pe, Ta-fel, Bil-der, Pau-se, ler-nen,
   le-sen, schrei-ben, fra-gen, ant-wor-ten,
   hel-fen

8 a 2 f 3 a 4 i 5 b 6 j 7 h 8 c 9 g
   10 e

   b 1 fahren – haben 2 Platz – machen
   3 geben – nehmen 4 Geld – schmecken
   5 dir – Sie 6 finden – bitte 7 Cola –
   Wohnung 8 Rock – morgen 9 suchen –
   gut 10 Bus – Hunger

   d 1 Ich habe Hunger. 2 Cola schmeckt gut.
   3 Ich gebe dir Geld. 4 Nehmen Sie bitte
   Platz. 5 Was machst du morgen? 6 Wir
   fahren mit dem Bus. 7 Ich suche eine
   Wohnung. 8 Wie findest du den Rock?

9 a 1 Kopf 2 Ohr 3 Fuß
   4 Rücken 5 Hals 6 Zahn
   7 Arm 8 Knie

   b 1 Au! Mein Kopf tut weh! 2 Au! Mein
   Ohr tut weh! 3 Au! Mein Fuß tut weh!
   4 Au! Mein Rücken tut weh! 5 Au! Mein
   Hals tut weh! 6 Au! Mein Zahn tut weh!
   7 Au! Mein Arm tut weh! 8 Au! Mein Knie
   tut weh!

10 a lang: Regen, Schnee, Grad, scheinen, heiß,
   grau, dreißig
   kurz: Sommer, Herbst, Winter, Sonne,
   Wind, Wolke, warm, kalt

11 a/b 1 Ärztin 2 Journalist
   3 Krankenschwester 4 Student
   5 Köchin 6 Kellner
   7 Lehrerin 8 Verkäufer

   d 2 ● Was bist du von Beruf?
      ▲ Ich bin Journalist.
   3 ● Was bist du von Beruf?
      ▲ Ich bin Krankenschwester.
   4 ● Was bist du von Beruf?
      ▲ Ich bin Student.
   5 ● Was bist du von Beruf?
      ▲ Ich bin Köchin.
   6 ● Was bist du von Beruf?
      ▲ Ich bin Kellner.
   7 ● Was bist du von Beruf?
      ▲ Ich bin Lehrerin.
   8 ● Was bist du von Beruf?
      ▲ Ich bin Verkäufer.

B2

1 1 ● Au, meine Händ.
   ▲ Oh, deine Hand!
   2 ● Haben Sie Banänen?
   ▲ Bananen? Ja, klar.
   3 ● Darf ich vorstellen? Mein Mann Karl.
   ▲ Ah! Ihr Mann. Schön, Sie kennen-
      zulernen.

   1 Ihre Hand. 2 Bananen. 3 Mein Mann.

2 c Tomatensalat, Paprikasalat, habe, Mango,
   Ananas, Banane, Apfel, Papaya

3 a/b 2 Arme 3 Hände 4 Nasen
   5 Zähne 6 Haare

   c 1 Hälse 2 Arm – Arme
   3 Hand – Hände 4 Nase – Nasen
   5 Zahn – Zähne 6 Haar – Haare

4 a 2 Lädst du mich zur Party ein? 3 Wann
   fährt die S-Bahn ab? 4 Wie gefällt dir
   mein Fahrrad? 5 Wann fängt der Film
   an? 6 Wäschst du bitte die Wäsche?

b 1 ● Schläfst du schon?
    ▲ Nein, noch nicht.
  2 ● Lädst du mich zur Party ein?
    ▲ Natürlich!
  3 ● Wann fährt die S-Bahn ab?
    ▲ In zwanzig Minuten.
  4 ● Wie gefällt dir mein Fahrrad?
    ▲ Sehr gut.
  5 ● Wann fängt der Film an?
    ▲ Um acht.
  6 ● Wäschst du bitte die Wäsche?
    ▲ Na klar.

5   a 1 Abfahrt, fährt, acht, ab   2 Fahrgäste,
Fahrt, haben, Verspätung   3 Damen,
Ankunft, Dank, dass, gewählt, Gepäck,
Tag   4 Nächster, Halt, Hauptbahnhof,
Fahrgäste, alle, danken, Fahrt, Bahn

6   a 1 Handygeschäft, Zentrum   2 Universität,
nächste, rechts   3 Kennen, Hotel, Nähe,
Ecke   4 Zahnärztin, empfehlen, erklären
5 Bäckerei, fremd

B3

1   A ● Ich sehe zehn Zehen.
    B ▲ Ich sähe zähn Zähen.
    C ■ Ich sehe zehn Zähne.

    A 2   B ---   C 1

3   a 1 Problem   2 Student   3 Tee   4 Geld
5 Hemd   6 Weg
Langes e: 3, 6

4   a 1 Schmitz. eS – Ce – Ha – eM – I – Te – Zet
2 Krause. Ka – eR – A – U – eS – E
3 Brandt. Be – eR – A – eN – De – Te
4 Lehmann. eL – E – Ha – eM – A – eN – eN
5 Wolff. We – O – eL – eF – eF
6 Jung. Jot – U – eN – Ge

  b 2 ● Wie heißen Sie?
    ▲ Krause.
    ● Wie schreibt man das?
    ▲ Ka – eR – A – U – eS – E

    3 ● Wie heißen Sie?
    ▲ Brandt.
    ● Wie schreibt man das?
    ▲ Be – eR – A – eN – De – Te

  4 ● Wie heißen Sie?
    ▲ Lehmann.
    ● Wie schreibt man das?
    ▲ eL – E – Ha – eM – A – eN – eN

  5 ● Wie heißen Sie?
    ▲ Wolff.
    ● Wie schreibt man das?
    ▲ We – O – eL – eF – eF

  6 ● Wie heißen Sie?
    ▲ Jung.
    ● Wie schreibt man das?
    ▲ Jot – U – eN – Ge

6   a 2 Das Bett ist sehr bequem.
3 Der Text ist sehr schwierig.
4 Das Wetter ist sehr schlecht.
5 Der Lehrer ist sehr nett.
6 Der Keller ist sehr hell.

  c 2 ● Das Bett ist sehr bequem.
    ▲ Das Bett ist nicht bequem.

  3 ● Der Text ist sehr schwierig.
    ▲ Der Text ist nicht schwierig.

  4 ● Das Wetter ist sehr schlecht.
    ▲ Das Wetter ist nicht schlecht.

  5 ● Der Lehrer ist sehr nett.
    ▲ Der Lehrer ist nicht nett.

  6 ● Der Keller ist sehr hell.
    ▲ Der Keller ist nicht hell.

7   ● Im Urlaub fahre ich immer ans Meer.
Ich mag das Meer.
  ▲ Ich auch. Ich liebe am Meer.
  ● Das heißt: Ich liebe DAS Meer.
  ▲ Ja, ja, ich liebe das Meer und ich liebe
AM Meer.
  ● Du lebst am Meer?!
  ▲ Richtig.

  1 Der Mann liebt das Meer. Die Frau liebt
das Meer.   2 Die Frau lebt am Meer.

8   hier – Weg – denn – ziehen – denn –
ledig – See
Lösung: E

9   a 2 gebt   3 seht   4 liest   5 trifft
6 lebt

b 1 schenkt – schickt   2 gebt – gibt
  3 seht – sieht   4 lest – liest
  5 trefft – trifft   6 lebt – liebt

c 2 gibt   3 Sieh   4 Lest   5 trefft   6 liebt

10 a morgen   Woche   Viertel
   nächstes

b 1 ● Wann hast du Zeit?
   ▲ Am Abend.

  2 ● Wann hast du Zeit?
    ▲ Morgen.

  3 ● Wann hast du Zeit?
    ▲ Nächste Woche.

  4 ● Wann hast du Zeit?
    ▲ Um Viertel vor sieben.

  5 ● Wann hast du Zeit?
    ▲ Nächstes Jahr.

11 a Die Schuhe gefallen mir gut.
   Die Socken gefallen mir auch.
   Den Mantel finde ich toll.
   Die Blusen, die Jacken, die Hosen –
   alles wirklich wundervoll.
   Aber am besten gefällt mir der Gürtel
   in Dunkelrot.

12 a 2 bestellt   3 gegangen   4 geschrieben
   5 besucht   6 begonnen   7 gespielt
   8 gefahren

b 1 ● Was hast du gestern gemacht?
   ▲ Ich habe ein Buch gelesen.

  2 ● Was hast du gestern gemacht?
    ▲ Ich habe im Internet etwas bestellt.

  3 ● Was hast du gestern gemacht?
    ▲ Ich bin ins Museum gegangen.

  4 ● Was hast du gestern gemacht?
    ▲ Ich habe Nachrichten geschrieben.

  5 ● Was hast du gestern gemacht?
    ▲ Ich habe meine Eltern besucht.

  6 ● Was hast du gestern gemacht?
    ▲ Ich habe meinen neuen Job begon-
     nen.

7 ● Was hast du gestern gemacht?
  ▲ Ich habe Fußball gespielt.

8 ● Was hast du gestern gemacht?
  ▲ Ich bin nach Berlin gefahren.

B4

1
  ● Der Teppich gefällt mir. Ich bitte Ihnen
   150 Euro.

  1 Sie möchte einen Teppich kaufen.
  2 Er glaubt, die Frau möchte Geld haben.
   Sie sagt „bitte", nicht „biete".

2 a Langes i: Bier, Brief, Papier
   Kurzes i: trinken, Milch, schicken, Stift

3 a 1 Für dich auch.   2 Ihnen auch.
   3 Sie auch.   4 Mir auch.

b 1 ● Alles Gute!
   ▲ Danke. Für dich auch.

  2 ● Schönen Abend.
    ▲ Danke. Ihnen auch.

  3 ● Kommen Sie gut nach Hause.
    ▲ Danke. Sie auch.

  4 ● Mir geht es gut, und dir?
    ▲ Danke. Mir auch.

4 a markieren, studieren, informieren,
   reparieren, gratulieren, funktionieren,
   telefonieren, organisieren

c Hmmm! Probier mal!   Markieren Sie!
  Was studierst du?   Informieren Sie den
  Chef.   Können Sie das reparieren?
  Ich gratuliere dir!   Das Radio funktioniert
  nicht.   Lass uns telefonieren.   Wer
  organisiert das Fest?

B5

1 a 2 nicht gleich   3 gleich   4 nicht gleich
   5 gleich   6 gleich   7 gleich   8 nicht
   gleich

3 a Oldenburg   Bonn   Rostock
   Solingen   Coburg

c 2 … wohnt aber in Bonn.   3 Leo kommt
aus Bonn, wohnt aber in Rostock.
4 Jonas kommt aus Rostock, wohnt aber
in Solingen.   5 Monika kommt aus
Solingen, wohnt aber in Coburg.

4   ● Meine Uhren tun weh.

Er sagt: Uhren
Er meint: Ohren

5 a 1 muss, zur, Post
2 Donnerstag, muss, Wohnung, putzen
3 Sonntag, kommt, Onkel, zu, Besuch
4 wollen, zusammen, Nudeln, kochen
5 Woche, buche, Urlaub
6 Monat, Zug, Ostsee,
7 Juli, großes, Hochzeit

6   1 ● Viktor ist Kellner.
▲ Der Arme! Kellner sein ist stressig.
● Warum ist Kellner sein stressig? Keln
ist doch eine tolle Stadt.
▲ Ach so, jetzt verstehe ich! Viktor ist
Kölner.
● Ja, genau.

2 ● Ah, guck mal! Der Mond scheint
schon.
▲ Warum „schon"? Es ist doch mitten
in der Nacht, schon zwei Uhr früh!
● Ja, ja. Aber heute scheint der Mond
besonders schon. Wunderbar!
▲ Schön?
● Ja, genau. Das sage ich doch die
ganze Zeit!

1 Viktor kommt aus Köln.
2 Der Mondschein ist schön.

7 a 1 Brötchen 2 Brot 3 kennen 4 können
5 Löwe 6 wollen 7 lesen 8 Lösung
9 zwölf 10 hören

2 o 3 e 4 ö 5 o 6 o 7 e 8 ö
9 ö 10 ö

8 a 2 Söhne 3 Töchter 4 Omas
5 Großväter 6 Opas

b 1 Onkel – Onkel 2 Sohn – Söhne
3 Tochter – Töchter 4 Oma – Omas
5 Großvater – Großväter 6 Opa – Opas

9 a 1 Kino, Kino, möchte, so, können, Oper, Oh,
Können, hören

2 möchte, morgen, Hose, Kommst,
möchtest, los, zwölf, Okay, hole

10 b Wow! So/Total/Echt toll!
Oh! So/Total/Echt schön!
Hey! So/Total/Echt cool!
Menno! So/Total/Echt blöd!
Haha! So/Total/Echt lustig!
Boah! So/Total/Echt super!

B6

1 a 2 a 3 h 4 g 5 b 6 c 7 f 8 e

2 a 2 Eine Viertelstunde.   3 Sieben Minuten.
4 Zu Fuß.   5 Wo muss ich umsteigen?
6 Unter dem Buch.

b 2 ● Wie lange müssen wir noch warten?
▲ Eine Viertelstunde.

3 ● Wie viel Verspätung hat der Zug?
▲ Sieben Minuten.

4 ● Wie kommen wir von hier ins
Zentrum?
▲ Zu Fuß.

5 ● Die Züge nach Ulm fahren leider
nicht direkt.
▲ Wo muss ich umsteigen?

6 ● Wo ist nur mein Zugticket?
▲ Unter dem Buch.

3   Blume – Buch – Bluse – Bruder – gut –
Dusche – Fußball – Natur – Flughafen

4   2 ● Du musst Suppe kochen.
▲ Ich muss Suppe kochen.

3 ● Du musst das Bad putzen.
▲ Ich muss das Bad putzen.

4 ● Du musst deine Mutter anrufen.
▲ Ich muss meine Mutter anrufen.

5 ● Du musst das Formular unter-
schreiben.
▲ Ich muss das Formular unterschrei-
ben.

5 a ● Komm rein.
      ▲ Danke! Deine Kuche ist gut. Wirklich toll.
      ● Mein Kuchen ist gut? Aber du hast ihn doch noch gar nicht probiert.
      ▲ Ich meine nicht den Kuchen. Ich meine die Kuche.
      ● Ach so. Meine Küche. Ja, die gefällt mir auch.

   2 Die Küche ist schön.

   b ● Brrr. Kalt.
      ▲ Du musst die Tier schließen.

   Er sagt: Tier
   Er meint: Tür

6 a 1 Liebe   2 Uhr   3 früh   4 müde
       5 Zug   6 pünktlich   7 Schlüssel
       8 Rücken   9 viele   10 Grüße

       2 u   3 ü   4 ü   5 u   6 ü   7 ü   8 ü
       9 i   10 ü

7 b 2 ● Der Kühlschrank ist günstig.
         ▲ Günstig? Der Kühlschrank ist teuer!

      3 ● Die Bücher sind günstig.
         ▲ Günstig? Die Bücher sind teuer!

      4 ● Die Mütze ist günstig.
         ▲ Günstig? Die Mütze ist teuer!

      5 ● Das Gemüse ist günstig.
         ▲ Günstig? Das Gemüse ist teuer!

      6 ● Das Parfüm ist günstig.
         ▲ Günstig? Das Parfüm ist teuer!

      7 ● Die Spülmaschine ist günstig.
         ▲ Günstig? Die Spülmaschine ist teuer!

      8 ● Die Strümpfe sind günstig.
         ▲ Günstig? Die Strümpfe sind teuer!

8 a dürfen, müssen, dürfen, dürfen, müssen, dürfen, dürfen, müssen, dürfen, müssen

B7

1   ● Wie fährst du zur Arbeit?
         ▲ Mit dem O-to.
         ● Mit Otto?
         ▲ Nein, ich meine: mit dem Au-to.
         ● Mit dem Auto? Das ist aber teuer. Benzin, Versicherung, Reparaturen …
         ▲ Nein, nicht so töer. Pro Fahrt nur zehn Öro, habe ich gerechnet.
         ● Zehn Euro – das geht.

      1 dem Auto   2 zehn Euro

2 b 2 ● Woher kommst du?
         ▲ Aus Österreich.

      3 ● Woher kommst du?
         ▲ Aus der Schweiz.

      4 ● Woher kommst du?
         ▲ Aus Australien.

      5 ● Woher kommst du?
         ▲ Aus Neuseeland.

      6 ● Woher kommst du?
         ▲ Aus der Türkei.

3 a heiß, laut, leise, blau, braun, grau, klein, teuer

4 a 2 Frauen   3 Bäume   4 Mäuse
       5 Autos   6 Häuser

   b 1 Raum – Räume   2 Frau – Frauen
      3 Baum – Bäume   4 Maus – Mäuse
      5 Auto – Autos   6 Haus – Häuser

5 a Dienstag, leid, keine, Zeit, Freitag, vielleicht, Leider, nein, fliege, Wien, wieder, wie, sieht, eilig, Wiedersehen

6 a heiraten, euch, Hochzeit, ein, Mai, feiern, Bescheid, freuen, auf, euch

B8

1   ● Hmm, lecker. Ich liebe Erdbee-reis.
         ▲ Erdbeer-Eis oder Erdbeer-Reis?
         ● Erdbeer-Eis.

      Sie sagt: Erdbeerreis
      Sie meint: Erdbeereis

2 b 1 Am Anfang ist es oft schwierig.
       2 Der Film ist zu Ende.
       3 Um fünf Uhr mache ich Feierabend.

4 Am Monatsanfang muss man Miete
   und Strom bezahlen.
5 Am Wochenende mache ich einen
   Ausflug.
6 Das Abendessen fängt um acht Uhr an.

3 a 21, 82, 88, 101, 318, 411, 680, 1100, 1111,
       3837

6 a 2 Mach bitte das Fenster | auf. Mir | ist
       heiß.
       3 Machen Sie bitte | Ihr Handy | aus. Hier |
       ist das Telefonieren nicht | erlaubt.
       4 Steh | endlich | auf! Es | ist schon | elf |
       Uhr.
       5 Sie müssen den | Antrag hier | unter-
       schreiben.
       6 Kannst du mir die | Aufgabe | erklären?
       7 Der Kurs fängt | am | ersten | Oktober |
       an. Bringen Sie bitte | Ihren | Ausweis
       zur | Anmeldung mit.

C1

1 1 ● Du hast sehr schöne Augen, Fiona.
       Sie sind so blaun.
       ▲ Meine Augen sind nicht blau. Sie sind
       braun. Brrrrraun.

       2 ● Ich habe eine Hose für dich, Fiona.
       ▲ Wie nett von dir. Danke für die Rose.

       1 Fionas Augen sind braun.
       2 Fiona hat eine Rose bekommen.

2 a 1 hell – Herr 2 schlank – Schrank
       3 Frühling – fühlen 4 liegen – Regen
       5 Reis – heiß 6 raus – Haus

       2 2. Wort 3 1. Wort 4 2. Wort
       5 1. Wort 6 1. Wort

3 b 1 ● Magst du Regen?
       ▲ Ja. Ich mag **R**egen.

       2 ● Hörst du gern Radio?
       ▲ Ja. Ich hö**r**e ge**r**n **R**adio.

       3 ● Wie findest du die Farbe Rot?
       ▲ Ich finde die Fa**r**be **R**ot schön.

       4 ● Magst du Rosen?
       ▲ Ja. Ich mag **R**osen.

5 ● Fährst du gern Rad?
   ▲ Ja. Ich fah**r**e ge**r**n **R**ad.

6 ● Wie findest du das Regal?
   ▲ Ich finde das **R**egal zu g**r**oß.

4 a 1 grün Gruppe grillen Gruß

       2 bringen brauchen Brief
       Brille Brot

       3 trinken treffen Treppe
       Traum transportieren

       4 Frau Freund fragen
       Freizeit frisch

       5 Preis Praktikum prima
       Problem Praxis

5 a 2 Trotzdem rauche ich.
       3 Trotzdem arbeite ich.
       4 Trotzdem trage ich keine Brille.
       5 Trotzdem schreibe ich Briefe mit
       der Hand.
       6 Trotzdem kaufe ich ein großes Regal.

6 a 1 Mutter Vater Kinder / Geschwister
       Bruder

       2 September Oktober
       November Dezember

       3 Sommer Winter

8 a 2 verboten 3 verboten 4 erlaubt
       5 verboten 6 erlaubt

10 b 1 ● Wie ist das Wetter bei euch?
        ▲ Es ist warm. Dreißig Grad.

        2 ● Wo bist du?
        ▲ Im Garten.

        3 ● Und was machst du gerade?
        ▲ Ich mache Sport.

        4 ● Sport bei diesen Temperaturen!
        Hast du keinen Durst?
        ▲ Doch. Ich habe Durst.

5 ● Weißt du, was? Ich komme und
  bringe Cola mit. Okay?
▲ Gern. Ich warte auf dich.

6 ● Und was essen wir?
▲ Wir grillen Würstchen.

11 a 2 Haare 3 Kellnerin
  4 Ingenieurin 5 fahren 6 hören
  7 studieren

b ● 1 Tür – Türen 2 Haar – Haare
  3 Kellner – Kellnerin 4 Ingenieur –
  Ingenieurin 5 er/sie fährt – fahren
  6 er/sie hört – hören 7 er/sie studiert
  – studieren

12 a Schneckenmutter, fragt, ihr, dir,
  mitbringen Joghurt, später, Schnecken-
  mutter, fragt, Erdbeere, Kirsche

C2

1 ● Ich möchte ein Baguette abholen.

Die Frau sagt: Baguette
Die Frau meint: Paket

3 b 1 ● Gehen wir am Samstag essen?
  ▲ Tut mir leid, aber da gehe ich mit
  Paula ins Kino.

2 ● Wollen wir am Wochenende was
  zusammen machen?
  ▲ Tut mir leid, aber da gehe ich mit
  Paula ins Konzert.

3 ● Spielen wir morgen Fußball?
  ▲ Tut mir leid, aber da gehe ich mit
  Paula in den Park.

4 ● Gehen wir am Samstagabend in eine
  Bar?
  ▲ Tut mir leid, aber da gehe ich mit
  Paula auf eine Party.

5 ● Möchtest du am Freitag mit mir
  ausgehen?
  ▲ Tut mir leid, aber da gehe ich mit
  Paula ins Café.

6 ● Ich habe Opernkarten für Samstag.
  Hast du Lust?
  ▲ Tut mir leid, aber da gehe ich mit
  Paula ins Theater.

4 a machen, putzen, aufräumen, saugen,
  bügeln, backen, decken

5 b 2 ● Kannst du tanzen?
  ▲ Na klar! Ich kann super Tango tanzen.

3 ● Kannst du Tennis spielen?
  ▲ Na klar! Ich kann super Tennis
  spielen.

4 ● Kannst du Klavier spielen?
  ▲ Na klar! Ich kann super Klavier
  spielen.

5 ● Kannst du Pizza backen?
  ▲ Na klar! Ich kann super Pizza backen.

6 ● Kannst du Polnisch sprechen?
  ▲ Na klar! Ich kann super Polnisch spre-
  chen.

6 a 1 d, t, d 2 g, k, k, k 3 b, p, p, p

7 a 2 Frag! 3 Zeig! 4 Leb! 5 Steig!
  6 Bleib!

b 1 schreiben – Schreib! 2 fragen – Frag!
  3 zeigen – Zeig! 4 leben – Leb!
  5 steigen – Steig! 6 bleiben – Bleib!

c 1 Schreib mir bitte. 2 Frag mich nicht!
  3 Zeig doch mal! 4 Leb dein Leben!
  5 Steig ein, bitte. 6 Bleib hier!

8 a Garten, Balkon, Regal, Bad, Bäckerei, Bank

C3

1 a weiches **s** mit Vibration: Salat, Gemüse,
  Käse, Sahne, Saft
  hartes **s** ohne Vibration: Eis, Wurst, Wasser,
  Ananas, Glas

2 a 2 Du musst das Handy ausmachen.
  3 Ihr müsst leise sein.
  4 Man muss zur Kasse gehen.
  5 Hunde müssen draußen bleiben.
  6 Hier muss ich sehr langsam fahren.

3   b 2 ● In Spinat ist nicht so viel Eisen,
              wie alle sagen.
              ▲ Interessant!

         3 ● Stell dir vor, ich habe fünf Kilo
              abgenommen.
              ▲ Super!

         4 ● Heute gibt es Eis mit heißen
              Himbeeren zum Dessert.
              ▲ Klasse!

         5 ● Wie findest du den Wein?
              Mir schmeckt er!
              ▲ Also, ich weiß nicht.

         6 ● Ich kann drei Schnitzel essen und
              dann einen Marathon laufen.
              ▲ Was du nicht sagst!

4   a sitze, Sofa, sehe, esse, lese, interessantes,
          Tasse, sein, Spaß

5   a ● Hast du ein Haustier?
           ▲ Ja, ich habe eine Kasse.

          Sie sagt: Kasse
          Sie meint: Katze

6   Zeit – Zoo – kurz – heißen – Zeit –
          Mützen – heißen
          Lösung: Haus

8   a Information, Situation,
          Konzentration

9   b 2 ● Ich fahre mit dem Taxi.
              ▲ Ah! Du fährst mit dem Taxi.

         3 ● Ich bin seit sechs Stunden unterwegs.
              ▲ Ah! Du bist seit sechs Stunden
              unterwegs.

         4 ● Ich gehe nach links.
              ▲ Ah! Du gehst nach links.

         5 ● Ich parke am Stadtplatz.
              ▲ Ah! Du parkst am Stadtplatz.

         6 ● Ich bin in der Arztpraxis.
              ▲ Ah! Du bist in der Arztpraxis.

C4

1   a hast, Schokolade, gesehen, sie, schnell,
          Hast, Schokolade, gegessen, musste, sie,
          essen, sie, schon

3   a/b 1 ● Wo bist du?
                ▲ In der Schule.

            2 ● Wo bist du?
                ▲ Auf der Straße.

            3 ● Wo bist du?
                ▲ Im Schwimmbad.

            4 ● Wo bist du?
                ▲ In der Stadt.

            5 ● Wo bist du?
                ▲ Auf dem Sportplatz.

            6 ● Wo bist du?
                ▲ In Spanien.

            7 ● Wo bist du?
                ▲ Im Deutschkurs.

            8 ● Wo bist du?
                ▲ In einem Geschäft.

4   2 ● Sprichst du Englisch?
              ▲ Ja. Ich spreche sogar sehr gut
              Englisch.

         3 ● Sprichst du Russisch?
              ▲ Ja! Ich spreche sogar sehr gut
              Russisch.

         4 ● Sprichst du Arabisch?
              ▲ Ja! Ich spreche sogar sehr gut
              Arabisch.

         5 ● Sprichst du Chinesisch?
              ▲ Ja! Ich spreche sogar sehr gut
              Chinesisch.

5   a 2 Waschbecken, Dusche   3 Tisch, Stühle
          4 Sessel, Sofa   5 Spiegel

6   a Wie in „ich": rechts, Mädchen, zeichnen,
          Küche
          Wie in „ach": Woche, brauchen, doch,
          suchen

7 a 2 ☺ – ☹ 3 ☹ – ☹ 4 ☹ – ☺
5 ☺ – ☺ 6 ☺ – ☹

8 a 2 Back doch mal einen Kuchen!
3 Lies doch mal ein Buch!
4 Mach doch mal Sport!
5 Zeichne doch mal ein Bild!
6 Lern doch mal eine neue Sprache!

10 a Küche – sprechen – dich – Köchin –
schlecht – leicht – Brötchen – möchten –
euch – höflich – richtig – München

11 ● Vorsicht! Ein Ei!

Die Frau sagt: ein Ei
Die Frau meint: ein Hai

12 a 1 er – Herd   2 heiß – Eis
3 hoffen – offen   4 aus – Haus
5 hier – ihr   6 Hund – und

2 1. Wort   3 1. Wort   4 2. Wort
5 1. Wort   6 1. Wort

13 a Man muss das *h* sprechen: Hals, haben,
heißen, zuhören
Man spricht das *h* nicht: Uhr, wohnen,
angenehm, Schuh

14 a ● Ja, hallo?
▲ Guten Tag. Hier spricht Lechner. Ich
bin die Lehrerin von Michael. Ich
möchte bitte seine Mutter sprechen.
● Die ist nicht da.
▲ Kann ich eine Nachricht hinterlassen?
● Ja, natürlich. Was soll ich sagen?
▲ Sie soll bitte mit Michael in die Schule
kommen. Zu einem Elterngespräch. Am
Mittwoch um sechzehn Uhr.
● Ich mache besser eine Notiz. Ich
brauche aber einen Stift. Moment,
ich hole einen.
▲ Machen Sie das. Ich warte so lange. ...
● ... Hier bin ich wieder.
▲ Also, Mittwoch, sechzehn Uhr. Termin
bei Frau Lechner in der Schule. Zimmer
einhundertacht.
● Hach! Der Stift schreibt nicht.
▲ Vielleicht können Sie einen anderen
Stift holen.

● Das glaube ich nicht. Wissen Sie, ich
sehe sehr schlecht.
▲ Gut. Aber Sie können den Termin sicher
im Kopf behalten. Es ist ganz leicht.
● Ganz leicht! Na, Sie haben Humor,
junge Frau. Ich bin achtundachtzig!

C5

1 a/b Kaffee, Fisch, Wasser, Saft, Fleisch, Wein,
Würstchen, Kartoffeln

c Orangensaft, Kaffee, Fisch, Fleisch,
Kartoffeln, Würstchen, Wasser, Wein

2 2 ● Was machst du am Sonntag?
▲ Ich frühstücke lange.

3 ● Was machst du am Sonntag?
▲ Ich räume auf.

4 ● Was machst du am Sonntag?
▲ Ich spiele Fußball.

5 ● Was machst du am Sonntag?
▲ Ich sehe fern.

6 ● Was machst du am Sonntag?
▲ Ich telefoniere.

7 ● Was machst du am Sonntag?
▲ Ich treffe Freunde.

8 ● Was machst du am Sonntag?
▲ Ich fahre Fahrrad.

9 ● Was machst du am Sonntag?
▲ Ich putze die Fenster.

3 2 ● Wie wird das Wetter?
▲ Es wird windig.

3 ● Wie wird das Wetter?
▲ Es wird wolkig.

4 ● Wie wird das Wetter?
▲ Es wird winterlich.

5 ● Wie wird das Wetter?
▲ Es wird gewittrig.

4

1 ● Wo ist das Foto?
▲ An der Wand.

2 ● Wo ist das Buch?
▲ Auf dem Sofa.

3 ● Wo sind die Blumen?
▲ Am Fenster.

4 ● Wo sind die Schuhe?
▲ Im Flur.

5 ● Wo ist mein Pullover?
▲ In der Waschmaschine.

6 ● Wo ist Papa?
▲ Im Wohnzimmer.

7 ● Wo ist der Fisch?
▲ Im Wasser.

8 ● Wo ist der Ring?
▲ Am Finger.

9 ● Wo sind die Bäume?
▲ Im Wald.

10 ● Wo sind die Kleider?
▲ Im Koffer.

5 a 2 d   3 g   4 e   5 a   6 b   7 f

b 1 ein Pfund Äpfel   2 Salz und Pfeffer
3 Husten und Schnupfen
4 Wasser im Topf
5 Fleisch in der Pfanne
6 Socken und Strümpfe
7 der Hut auf dem Kopf

6 b Deutsche Wörter: Vormittag, vielleicht,
viel, verboten
Internationale Wörter (= aus dem Engli-
schen oder aus einer anderen europäi-
schen Sprache): Vase, Pullover, Verb,
Universität

7 b (von oben nach unten) Vorname,
November, weiblich, verheiratet,
verwitwet, Wohnort, Verkäuferin, privat

8 b 1 ● Habt ihr noch Fragen zum Text?
▲ Ja. Eine Frage, bitte: Was bedeutet
„wunderbar"?

2 ● Sie müssen bitte Ihre Kranken-
versichertenkarte mitbringen.
▲ Entschuldigung, aber das Wort
verstehe ich nicht.

3 ● Das sind dann bitte 3892 Euro.
▲ Noch einmal, bitte.

4 ● Hier: Sie müssen dieses Formular
ausfüllen.
▲ Ich verstehe das Formular nicht.
Können Sie mir vielleicht helfen?

C6

1 a leise, hell, lang, langweilig, lustig, klein,
leicht, links

2 a 2 Wollen, will   3 Wollt, wollen
4 Wollen, wollen   5 willst, will
6 wollen, wollt, will

3 a lesen, liegen, spielen, lernen, trinken,
malen, fahren, schreiben

b malen, lernen, spielen, lesen, schreiben,
liegen, fahren, trinken

C7

1 a 1 lang   2 Land   3 brennen   4 bringen
5 Joghurt   6 Junge   7 drinnen
8 dringend   9 Finger   10 finden

2 n   3 n   4 ng   5 g   6 ng   7 n
8 ng   9 ng   10 n

2 b 2 ● Warst du schon einmal in Freising?
▲ Nein. In Freising war ich noch nie.

3 ● Warst du schon einmal in Erlangen?
▲ Nein. In Erlangen war ich noch nie.

4 ● Warst du schon einmal in Reckling-
hausen?
▲ Nein. In Recklinghausen war ich noch
nie.

5 ● Warst du schon einmal in Wangen im Allgäu?
▲ Nein. In Wangen im Allgäu war ich noch nie.

6 ● Warst du schon einmal in Kühlungsborn?
▲ Nein. In Kühlungsborn war ich noch nie.

7 ● Warst du schon einmal in Bad Kissingen?
▲ Nein. In Bad Kissingen war ich noch nie.

8 ● Warst du schon einmal in Büdingen?
▲ Nein. In Büdingen war ich noch nie.

3 a 1 Bringst, Ordnung   2 Heizung, lange, kann, Dienstag, dringend   3 Entschuldigung, Können, sagen, wann, Fußballtraining, beginnt, Ahnung, Lieblingsfilm, kenne

4 a 1 Übung   2 Bank   3 Krankenhaus   4 Frühling   5 anfangen   6 denken

1 ng   2 nk   3 nk   4 ng   5 ng   6 nk

6 2 ● Hier: ein super Angebot. Eine tolle Wohnung.
▲ Vielen Dank, aber ich brauche keine Wohnung.

3 ● Hier: ein super Angebot. Ein Ring, sehr schön.
▲ Vielen Dank, aber ich brauche keinen Ring.

4 ● Hier: ein super Angebot. Eine Zeitung, die ist kostenlos.
▲ Vielen Dank, aber ich brauche keine Zeitung.

5 ● Hier: ein super Angebot. Schinken, der ist lecker.
▲ Vielen Dank, aber ich brauche keinen Schinken.

6 ● Hier: ein super Angebot und ein kleines Geschenk für Sie.
▲ Vielen Dank, aber ich brauche kein Geschenk.

C8

1 ● Die Jacke ist zu groß.
▲ Wer ist Jackie? Du meinst wohl die Jacke.

Die Jacke passt nicht.

2 a j (deutsch): Januar, Joghurt, Junge
j (englisch): Job, Jeans, joggen
j (französisch): Journalist, jonglieren

3 1 ● Willst du mit ins Kino kommen?
▲ Ja, gern.

2 ● Noch eine Tasse Kaffee?
▲ Ja, bitte.

3 ● Kannst du mir morgen im Garten helfen?
▲ Ja, klar.

4 ● Ich darf dich doch am Abend noch anrufen, oder?
▲ Aber ja.

5 ● Die Lampe ist schön, nicht?
▲ Na ja, geht so.

6 ● Mach endlich deine Hausaufgaben!
▲ Ja, ja. Gleich.

7 ● Du willst doch den Führerschein machen und ein Auto kaufen, oder?
▲ Ja, auf jeden Fall.

8 ● Du hast gesagt, du putzt die Fenster.
▲ Ja, aber nicht jetzt.

Buchstaben-Laute-Tabelle

Buchstaben	Laute (phonetische Zeichen)	Beispiele
A a Aa aa Ah ah A a	[aː] [a]	● Name ● Haare ● Jahr ● Arzt
Ai ai (ay)	[aɪ̯], [aɛ̯], [ae̯]	● Mai
Au au	[aɔ̯], [au̯], [ao̯]	● Haus
Ä ä Äh äh Ä ä	[ɛː] [ɛ]	● Käse ● Hähnchen ● Bäcker
Äu äu	[ɔɪ̯], [ɔy], [ɔœ̯], [ɔø]	● Bäume
B b bb -b	[b] [p]	● Bett ● Hobby gelb
C c	[k] [ts] [s] [tʃ]	● Computer circa ● Cent ● Cello
Ch ch	[χ] [ç] [tʃ] [ʃ] [k]	● Buch ich ● Chili ● Chef ● Charakter
chs	[ks]	sechs
ck	[k]	● Rock
D d dd -d -dt	[d] [t]	danke ● Teddy ● Geld ● Stadt

Buchstaben	Laute (phonetische Zeichen)	Beispiele
E e ee eh	[eː]	• Weg • Tee zehn
E e e	[ɛ] [ə]	• Bett tanzen, besuchen
Ei ei (ey)	[aɪ̯], [aɛ̯], [aḛ]	• Schweiz
Eu eu	[ɔɪ̯], [ɔy], [ɔoḛ], [ɔø̯]	deutsch
er	[ɐ]	• Mutter
F f ff	[f]	• Fisch • Kartoffel
G g gg G g	[g] [ʒ]	• Garten joggen • Orange
-g	[k]	• Tag
-gs	[ks]	unterwegs
-(i)g	[ç]	fünfzig
H h h	[h] -	• Hand • Uhr
I i ie ieh ih I i	[iː] [ɪ]	• Kino • Brief du siehst ihn • Kind
J j	[j] [d͡ʒ] [ʒ]	• Jacke • Jazz jonglieren
K k kk	[k]	• Kuchen • Akkusativ

Buchstaben	Laute (phonetische Zeichen)	Beispiele
ks	[ks]	li**ks**
L l **ll**	[l]	• **L**ampe a**ll**e
M m **mm**	[m]	• **M**ilch i**mm**er
N n **nn**	[n]	• **N**ase kö**nn**en
ng	[ŋ]	• Hu**ng**er
nk	[ŋk]	kra**nk**
O o **Oh oh** **oo** **O o**	[oː] [ɔ]	r**o**t w**oh**nen • Z**oo** • **O**rdner
oi (oy)	[ɔɪ̯], [ɔy], [ɔoe̯], [ɔø̯]	Al**oi**s
Ö ö **Öh öh** **Ö ö**	[øː] [oe]	• **Ö**l • S**öh**ne • L**ö**ffel
P p **pp**	[p]	**p**utzen • A**pp**etit
Pf pf	[pf]	• A**pf**el
Ph ph	[f]	• **Ph**ysik
Qu qu	[kv]	• **Qu**atsch
R r **rr**	[ʁ], [ʀ], [r]	• **R**egen • He**rr**
-r	[ɐ]	• Natu**r**
S s **ss** **ß**	[z] [s]	• **S**alat • Bu**s** • Wa**ss**er • Fu**ß**

Buchstaben	Laute (phonetische Zeichen)	Beispiele
Sch sch	[ʃ]	• **Sch**ule
Sp sp	[ʃp] [sp]	**sp**ielen • A**sp**iration
St st	[ʃt] [st]	• **St**uhl • Po**st**
T t tt Th th	[t]	• **T**ochter • Bu**tt**er • **Th**eater
-t(ion) ts tz	[ts]	• Informa**t**ion rech**ts** • Ka**tz**e
U u Uh uh U u	[uː] [ʊ]	• J**u**ni • Sch**uh** • St**u**nde
Ü ü Üh üh Ü ü	[yː] [Y]	• Gem**ü**se fr**üh** • R**ü**cken
V v	[f] [v]	• **V**ater • **V**ase
W w	[v]	• **W**olke
X x	[ks]	• Ta**x**i
Y y	[yː] [Y] [j] [i]	• T**y**p • S**y**mbol • **Y**oga • Part**y**
Z z zz	[ts]	• **Z**ucker hei**z**en • Pi**zz**a